SO-EEX-457

Grammaire

Française

E. B. de Sauzé, Ph.D., Docteur ès Lettres

Former Director of Foreign Languages,
Cleveland Public Schools;
Professor Emeritus of French, Graduate School,
and Director Emeritus of School of French,
Western Reserve University

Harriet M. True, A.B.

Formerly, French Department
West Philadelphia High School for Girls
Philadelphia

Holt, Rinehart and Winston
New York

© Copyright, 1959, by
HOLT, RINEHART AND WINSTON, INC.

───────────

Copyright, 1948, 1920 by
Holt, Rinehart and Winston, Inc.

April, 1965

37714–0911

PRINTED IN THE UNITED STATES OF AMERICA

Preface

Many colleges and schools have adopted the efficient method of using only French in the conduct of French classes. Even grammar rules are taught in French. Teachers realize that it is a waste of the limited time at their disposal to use English in the teaching of French grammar when it can be done with accuracy and thoroughness in the French language. Teachers who are using de Sauzé's *Nouveau Cours Pratique de Français pour Commençants,* or another first-year book giving rules in French, and who thus have accustomed their students to the use of French as the only medium of expression in French classes, have expressed their desire to have a grammar for second, third, and fourth years which would be in French. They felt it would be a distinct step backward to adopt a grammar in English when students had acquired the ability to discuss grammar in French.

This grammar has been written in answer to those pressing requests and to supply that important need.

The material is arranged in a logical order. All rules pertaining to one topic have been grouped together.

The grammar is complete; it contains every point of French grammar of importance to English-speaking students. It will be found valuable as a reference book as well as a textbook.

It is clear. The constant thought of the authors has been to formulate every rule in such a concise and precise wording that it stands out in clear relief and is at once grasped by all students.

The language is simple; the aim has been to eliminate all unnecessary terminology and to use as few and as simple words as possible.

Each grammatical point is illustrated with a few simple examples, all of them based upon the expressions and the vocabulary with which the student has become familiar during his first year.

The grammar is practical. It has been composed, revised and tested right in the classroom. The authors have tried to put into it their long experience as teachers and students of problems and methods connected with the teaching of modern languages.

To give abundant opportunity for drill, each division or subdivision contains a set of exercises both in French and English into French. These will be found a valuable help to teachers in clinching understanding of grammatical points and in furnishing concrete applications of all rules.

Each chapter ends with a questionnaire in French as a suggestion to teachers of the type of questions that may be asked of students after the study of the rules contained in the chapter.

A French-English and English-French vocabulary has been added to make the use of the book easier either as a reference or as a textbook.

The typography has been so arranged that the various parts of the work are in clear contrast to each other. Bold face and italic type are used to emphasize important points and the arrangement is so simple that once grasped, it is very easy to pick out the various elements on the page.

We trust that teachers of French will find this grammar as helpful and as useful as we have attempted to make it. It is also our fond hope that it will encourage all teachers to use the foreign tongue in the classroom. It is not only an efficient use of the teaching time, but it has stimulated students to develop their ability to speak and to understand the foreign language. Teachers who have done so have been very adequately repaid for their efforts by the increased interest shown by the class and by the greater thoroughness obtained in the results.

The authors wish to express their thanks to Mr. Eugene K. Dawson, Supervisor of Foreign Languages in the Cleveland Public Schools, for his valuable contributions to this revised edition.

Table des Matières

Chapitre		Page
1.	De l'Article	1
2.	L'Article Indéfini	6
3.	Le Partitif	9
4.	Du Substantif	15
5.	Le Genre des Noms	21
6.	De l'Adjectif	25
7.	L'Accord de l'Adjectif	30
8.	Les Adjectifs Déterminatifs	37
9.	L'Adjectif Possessif	40
10.	De l'Adjectif Interrogatif	44
11.	Les Adjectifs Numéraux	46
12.	Les Adjectifs Numéraux Ordinaux	51
13.	Adjectifs Indéfinis	53
14.	Du Pronom	55
15.	Pronoms Personnels Disjoints	62
16.	Les Pronoms Démonstratifs	65
17.	Les Pronoms Possessifs	69
18.	Les Pronoms Relatifs	73
19.	Les Pronoms Interrogatifs	79
20.	Pronoms et Adjectifs Indéfinis	84
21.	Du Verbe	91
22.	Du Temps	94
23.	De la Formation des Temps	97
24.	Remarques Générales	105
25.	Verbes Auxiliaires	109
26.	Auxiliaires Secondaires	114
27.	Les Quatre Conjugaisons	119

Chapitre		Page
28.	Remarques sur la Première Conjugaison	122
29.	Emploi des Modes et des Temps	132
30.	Des Différentes Sortes de Verbes	139
31.	De l'Infinitif	149
32.	Du Participe	161
33.	Le Subjonctif	167
34.	De l'Adverbe	179
35.	De la Conjonction	188
36.	De la Préposition	192
37.	La Négation	199

Appendice

Les Prépositions ... 202
Remarques sur Quelques Verbes:
    Première Conjugaison ... 215
    Deuxième Conjugaison ... 220
    Quatrième Conjugaison ... 221
Verbes Irréguliers:
    Verbes Irréguliers en *er* ... 224
    Verbes Irréguliers en *ir* ... 224
    Verbes Irréguliers en *oir* ... 227
    Verbes Irréguliers en *re* ... 229
Exercices ... 233
Vocabulaire:
    Anglais-Français ... 247
    Français-Anglais ... 257

Chapitre 1

De l'Article

Il y a en français deux sortes d'articles, **l'article défini** et **l'article indéfini.**
Les formes de **l'article défini** sont **le, la, l', les** *(the)*.
On emploie **le** devant un nom masculin singulier qui commence par une consonne ou une **h** aspirée:

> *Le* **livre est ici.—Mettez l'avion dans** *le* **hangar.**

On emploie **la** devant un nom féminin singulier qui commence par une consonne ou une **h** aspirée:

> **Il est sur** *la* **table.   Il a** *la* **haine du vice.**

On emploie **l'** devant un nom masculin ou féminin singulier qui commence par une voyelle ou une **h** muette:

> *L'***encrier est sur le bureau.**
> *L'***encre est dans l'encrier.**
> *L'***homme est arrivé.**
> *L'***histoire est intéressante.**

On emploie **les** devant un nom masculin ou féminin pluriel:

> *Les* **devoirs sont sur la table.**
> *Les* **fautes sont soulignées.**
> *Les* **hommes sont arrivés.**
> *Les* **hangars sont vides.**

REMARQUE

Il faut répéter en général l'article défini devant chaque nom:

> *Le* **père et** *la* **mère.**

Exercice I

Remplacez le tiret par l'article défini:

1. – oncle et – tante sont à la maison.
2. Où sont – neveu et – nièce?
3. J'ai vu – cousin et – cousine, mais je n'ai pas vu – frère.
4. – mari et – femme sont-ils à – église?
5. – garçon est ici mais – petite fille est partie.
6. L'avion est dans – hangar.
7. J'aime beaucoup le son de – harpe.
8. Racontez-nous – histoire qui vous est arrivée l'autre jour.

Exercice II

Traduisez en français:

1. We are in the classroom.
2. The desk is in the classroom.
3. The book is on the desk.
4. The pencil and the paper are also on the desk.
5. Where is the ink?
6. The ink is with the pen.
7. Where is the chair?
8. The chair is in the classroom.
9. The chair is in front of the desk.
10. I have the pen and the pencil.

Emploi de l'Article Défini

I. On emploie **l'article défini,** comme en anglais, devant les noms communs pris dans un sens déterminé:

Le livre est sur la table.

II. On emploie **l'article défini** devant un nom pris dans un sens général:

>Aimez-vous *les* chiens?
>*Les* chevaux sont utiles.
>*L'*homme est mortel.

III. Devant les noms de pays:

>*La* France est belle.
>Je n'ai pas visité *l'*Italie. (Voyez page 193.)

IV. Devant un titre, excepté quand on s'adresse à la personne même:

>Madame *la* baronne était là.
>*Le* docteur Martin est venu. Mais: **Bonjour, docteur.**

V. Devant un nom propre précédé d'un adjectif:

>Je visiterai *le* beau Paris.
>*Le* petit Remi est dans la maison.

VI. Devant les noms de mesure et de poids en parlant du prix:

>Je les ai payés vingt sous *la* douzaine.
>Le sucre coûte quinze sous *la* livre.

REMARQUES

On supprime l'article défini:

1. Devant l'adjectif numéral qui suit un nom de monarque:

>Henri IV; Louis XIV; François I.

2. Avec le verbe **parler,** devant les noms de langues, si le verbe n'est pas modifié:

>Il parle français.
>Mais: Il parle très couramment *le* français.

3. Dans certaines phrases avec **plus** et **moins:**

   Plus on travaille, plus on est riche.

4. Dans les proverbes:

   Pierre qui roule n'amasse pas mousse.

5. Dans certaines locutions, comme: **avoir faim, avoir soif, avoir peur, avoir honte, avoir raison, faire peur, faire pitié, demander pardon, prendre garde, faire plaisir:**

   J'ai faim.
   Vous avez raison, etc.

Exercice I

Traduisez en français:

1. Where is the man?
2. The man is in the house.
3. He is with the boy.
4. Do you like boys?
5. Yes, I like boys but I like little children better.
6. I do not like little Mary but I like little Mary's sister.
7. I gave the little sister the oranges.
8. I paid thirty cents a dozen for the oranges.
9. She likes oranges.
10. She likes fruit.
11. Children like fruit but they like candy better.
12. They also like pictures.
13. Men and women like books and pictures.
14. Good pictures are expensive.
15. Boys like games, but girls prefer new dresses.

Exercice II

Traduisez en français:

1. They were talking about Henry the Fourth.
2. Napoleon the Third was a nephew of Napoleon the First.

3. The French loved the kings if they were good.
4. Do you admire Louis the Fourteenth?
5. He was a great king.
6. He liked poets.
7. He loved France.
8. France is a beautiful country.
9. France is as beautiful as Italy.
10. The more you love France the more you study French.
11. The more you work the happier you are.
12. I am right, am I not?
13. Yes, you are right.

Chapitre 2

L'Article Indéfini

Les formes de **l'article indéfini** sont:

un pour le masculin, singulier:

J'ai *un* crayon.

une pour le féminin singulier:

Voici une chaise.

Exercice I

Mettez l'article indéfini convenable devant chaque nom:
1. Nous avons – père et – mère.
2. Avez-vous – grand-père et – grand'mère?
3. Je n'ai pas de grand-père mais j'ai – sœur et – frère.
4. Votre mère a – fils et – fille, n'est-ce pas?
5. Votre mère a – frère, c'est mon oncle.

Exercice II

Traduisez en français:
1. I have a brother and a sister.
2. Have you an uncle?
3. Yes, we have an uncle, an aunt, and a cousin.
4. We have also a father and a mother.
5. They have a niece and a nephew.
6. This lady has a husband and a daughter.
7. She has a son also.
8. The child has a grandfather and a grandmother.
9. The mother has a son and a daughter.
10. Have you a grandfather?

Contractions de l'Article Défini

Les contractions de **l'article défini** sont:

> **au,** contraction de à le,
> **aux,** contraction de à les,
> **du,** contraction de de le,
> **des,** contraction de de les:

au garçon, aux hommes, aux femmes, aux hangars
du garçon, des hommes, des femmes, du hangar
Il parle au garçon; il donne cette grammaire aux élèves.

REMARQUES

à la et **à l'** ne se contractent pas:

> *à la* **tante,** *à l'***oncle,** *à la* **haine.**
> **Donnez ce livre** *à l'***élève qui est derrière vous.**

de la et **de l'** ne se contractent pas:

> *de la* **nièce,** *de l'***enfant,** *de la* **haine.**

Exercice I

Remplacez le tiret par la contraction de l'article; expliquez chaque contraction; par exemple:

> **Avez-vous la règle du garçon?**
> *Du* **est la contraction de** *de le.*

1. Avez-vous la règle – garçon?
2. Donnez-la – maître.
3. Le livre – maître est dans le tiroir – bureau.
4. Je le donnerai – petite fille ou – garçon.
5. Les garçons ont les crayons – petites filles.
6. Elles les ont donnés – garçons.
7. Où est le stylo – garçon?
8. J'ai donné un crayon – maître.

9. Les devoirs – élèves ont-ils des fautes?
10. Donnez ces devoirs – élèves.
11. Conduisez l'avion – hangar.

Exercice II

Traduisez en français:

1. Here is a notebook and pencil.
2. I shall give the notebook to the boy.
3. He has the teacher's pencil.
4. He will give the pencil to the teacher.
5. You have a fountain pen and a pencil.
6. Give the fountain pen to the girl.
7. Where is the teacher's book?
8. It is in the drawer of the desk.
9. The big boys have the little boys' toys.
10. Give the toys to the little boys.
11. Give the pencils to the girls.
12. Where is the girl's fountain pen?
13. It is on the teacher's desk or in the drawer of the desk.
14. Have you the child's pencil?
15. Give the pencil to the child.

Chapitre 3

Le Partitif

Le partitif s'exprime par **de** et **l'article défini:**

J'ai du pain. *I have (some) bread.*
Il mange de la viande.

Some ou *any* devant un nom s'exprime donc par:

du, pour le masculin singulier,
de la, pour le féminin singulier,
de l', devant un nom au singulier qui commence par
une voyelle ou une **h** muette,
des, pour le pluriel, masculin et féminin:

Il a du papier. *He has (some) paper.*
J'ai de la crème. *I have (some) cream.*
Nous avons des crayons. *We have (some) pencils.*
Il raconte des histoires. *He tells (some) stories.*
J'ai de l'encre. *I have (some) ink.*

REMARQUES

1. Il faut répéter la forme partitive devant chaque nom:

   Il a du papier et des crayons.

2. La forme partitive s'exprime toujours en français même quand elle est sous-entendue en anglais.

Exercice I

Mettez la forme partitive convenable devant chaque nom:

1. Nous avons – pain, – viande et – eau sur la table.
2. Apportez-nous – légumes.
3. Vous avez – fraises.

4. Voulez-vous – crème pour vos fraises?
5. Elle désire – café ou – thé ce matin.
6. Voulez-vous – sel ou – poivre?
7. Voulez-vous avoir – fleurs sur la table?
8. Eh bien! le garçon apportera – tulipes ou – roses.
9. Voulez-vous – fruits?
10. Voici – pommes, – poires et – framboises.

Exercice II

Traduisez en français:

1. We have bread and butter but we want some coffee.
2. Do you want sugar for the coffee?
3. Yes, we want sugar and cream.
4. Do you want any meat?
5. I want meat and vegetables.
6. Here is some salt and pepper for the vegetables.
7. Have you any potatoes?
8. Yes, we have meat and potatoes.
9. Do you wish wine?
10. Yes, bring some wine, please.
11. Bring some fruit also.
12. Have you any apples and oranges?
13. Yes, we have apples, peaches, and strawberries.
14. Bring some strawberries.
15. Bring some water also.

Emploi de *De* sans l'Article Défini

I. *Any* devant un nom s'exprime par **de** sans l'article défini, dans une phrase négative qui exprime le **manque** de la chose en question:

> **Je n'ai pas *de* crayons.**
> **Il n'a pas *d'*argent.**
> **Il n'a jamais vu *de* neige.**

Le partitif s'exprime par **de** et l'article défini même dans une phrase négative, si la négation n'est pas générale, si elle n'indique pas le **manque** de la chose en question. Voici trois cas ou la négation n'est pas générale:

(1) Si le nom est qualifié:

N'avez-vous pas acheté *de la* soie à huit francs le mètre?
Il ne m'a pas vendu *des* bonbons de la meilleure qualité.

(2) Dans les contrastes:

Il ne m'a pas apporté *du* café mais *du* thé.
Pas *du* lait mais *de la* crème.

(3) Après le verbe **être:**

Ce n'est pas *de l'*argent français.
Ce n'est pas *du* courage mais de la lâcheté.
Ce n'est pas *du* sucre.

II. Le partitif devant un adjectif s'exprime par **de** sans l'article défini:

Voici *de* jolies fleurs.
Il y a *de* bons élèves et *de* mauvais.

Partitif avec Adverbes de Quantité

I. Les principaux adverbes de quantité sont:

assez	**combien**	**plus**
autant	**tant**	**moins**
beaucoup	**trop**	**peu**

II. Les adverbes de quantité prennent **de** devant le nom:

Nous avons *beaucoup de* crayons.
Il a mangé *trop de* gâteaux.

III. Quand le nom est qualifié, on emploie **de** et **l'article défini:**

>Nous avons encore beaucoup *de la* soie que vous nous avez apportée de Paris.
>Beaucoup *des* livres que j'ai lus n'étaient pas intéressants.

IV. Les noms de quantité suivent la même règle que les adverbes de quantité:

>J'ai acheté une douzaine *de* pommes.
>Il a un panier *de* poires.
>J'ai déjà mangé une douzaine *des* pommes que nous avons achetées ce matin.

V. Avec **bien,** adverbe de quantité, et **la plupart,** nom de quantité, on emploie toujours **de** et l'article défini devant un nom:

>Bien *des* hommes le font.
>La plupart *des* hommes oublient de faire cela.

VI. **Beaucoup** peut modifier un autre adverbe, mais ne peut être modifié par un autre adverbe:

>Il est *beaucoup plus* riche.
>Il est *beaucoup moins* riche.
>Il est *beaucoup trop* paresseux.
>Il a *beaucoup plus* d'argent que moi (*much more* ou *very much more*).

—Jamais **très** avec **beaucoup.**

VII. **Assez** précède toujours le nom ou l'adjectif:

>Il est *assez* riche.
>Il a *assez* d'argent.

Emploi de *En*

I. Quand *some* ou *any* n'est pas suivi d'un nom, c'est un pronom personnel; on l'exprime par **en.** **En** est un pronom

personnel régime (*of it, of them*) et précède immédiatement
le verbe, excepté quand ce verbe est à l'impératif affirmatif:

A-t-il des fleurs?   Oui, il *en* a.   Non, il n'*en* a pas.
Voici des bonbons; prenez-*en*.

II. Il faut exprimer le partitif, même quand il est omis
ou sous-entendu en anglais:

A-t-il des frères?   Oui, il *en* a.   *Yes, he has (some).*
**Combien de frères avez-vous?   J'*en* ai trois. *I have three*
*(of them).***

Exercice I

Remplacez le tiret par l'article ou la forme partitive convenable:

1. Ce monsieur a – jolis costumes.
2. Il n'a pas autant – costumes que mon père.
3. Mon père a – maisons et – fermes.
4. Il a donné – maison à ma sœur quand elle s'est mariée.
5. J'ai – jardin mais je n'ai pas – maison.
6. Il y a beaucoup – fleurs dans mon jardin.
7. Il y a – roses, – violettes et – œillets dans – jardin.
8. Nous avons aussi – fruits.
9. Voulez-vous – fraises et – pommes?
10. Je vous donnerai – panier, – fraises et – poires.
11. J'ai envoyé à ma sœur un mètre – ruban que j'ai
    acheté hier.

Exercice II

Traduisez en français:

1. Do you like flowers?
2. Yes, I like pretty flowers but I haven't many.

3. I haven't many flowers in my garden but I have a great many vegetables.
4. Have you any?
5. Do you like vegetables?
6. Yes, we like vegetables but we haven't any.
7. Have you any fruit in the garden?
8. No, we haven't any fruit but we have some fine vegetables.
9. In the garden you will also find many beautiful flowers.
10. There are white roses, pink tulips, and pretty lilies of the valley.
11. The roses are much prettier than the tulips.
12. I'll give the lady a dozen roses and a basket of lilies of the valley.
13. Will you have any tulips next week?
14. No, thank you, I already have a great many.
15. Give some to your friends.
16. You have so many!
17. The majority of the tulips are very pretty.
18. We haven't any violets but here are some pretty carnations.
19. I'll give the little girl some; we have far too many.

Questionnaire

1. Quels sont les articles définis?
2. Quand emploie-t-on l'?
3. Nommez les articles indéfinis.
4. Quelles sont les contractions de l'article?
5. Comment exprime-t-on le partitif?
6. Quand emploie-t-on **de** sans l'article? Ex.
7. Quand emploie-t-on le pronom **en**? Ex.

Chapitre 4

Du Substantif

Le substantif ou nom est un mot qui sert à nommer une personne, un animal ou une chose:

la femme, le tigre, le livre.

L'Emploi du Substantif

On emploie le substantif comme sujet ou comme régime direct ou indirect du verbe, après une préposition ou par apposition.

REMARQUES

Il peut être employé aussi comme adjectif: **il était médecin.** Dans ce cas il n'y a pas d'article devant le substantif. Les substantifs qui indiquent une profession s'emploient souvent comme adjectifs: **je suis professeur, vous êtes marchand.**

Il y a deux sortes de noms: le nom propre, **Londres** (*London*), **Paul, Marie,** et le nom commun, **l'homme, le livre, l'encre.**

Le Pluriel du Substantif

Les noms sont **singuliers** ou **pluriels.**
Voici les règles pour la formation du pluriel:

I. Pour former le pluriel d'un nom on ajoute **s** au singulier:

la chaise   **les chaises**

Les noms terminés par **s, x** ou **z,** au singulier, ne changent pas au pluriel:

le fils	les fils
la voix	les voix
le nez	les nez

II. Les noms terminés au singulier par **au, eu,** prennent **x** au pluriel:

le tableau	les tableaux
le feu	les feux

REMARQUE

Il y a aussi sept noms en **ou** qui prennent **x** au pluriel; ce sont:

bijou, caillou, chou, genou, hibou, joujou, pou

Les autres noms en **ou** prennent **s** au pluriel:

le fou	les fous
le sou	les sous

III. La plupart des noms terminés par **al, ail** changent **al, ail** en **aux** au pluriel:

l'animal	les animaux
le cheval	les chevaux
le travail	les travaux
le vitrail	les vitraux

EXCEPTION **bétail, bestiaux.**

Détail, détails; le bal, le carnaval suivent la règle générale; le pluriel est donc: **les bals, les carnavals.**

IV. Quelques noms forment leur pluriel irrégulièrement:

aieul (*ancestor*), **aieux.**—**aieuls** signifie *grandparents.*
ciel (sky), **cieux,** (*heaven*); **ciels** (*of a painting*).
œil (*eye*), **yeux.**

V. Les noms propres ne prennent pas la marque du pluriel, quand ils désignent les individus:

Les deux Corneille sont nés à Rouen.

REMARQUES

1. Cependant, quand le nom propre indique une personne qui a le talent, les caractéristiques d'une certaine personne, on peut le mettre au pluriel:

    Ils ne sont pas des Napoléons. (C'est-à-dire, des généraux ayant le génie de Napoléon.)

2. On peut aussi mettre au pluriel un nom propre qui indique une dynastie:

    Les Bourbons, les Stuarts.

Exercice I

Formez le pluriel des noms suivants et donnez la règle:

la table	la noix	le couteau	le lieu
le sou	le fils	le nez	le bois
le bijou	l'animal	le bal	le père
l'aieul	l'œil	le ciel	le vitrail

Exercice II

Traduisez en français:

1. The head, the arms, the chest, the back, the legs, the hands, and the feet are parts of the body.
2. The forehead, the eyes, the cheeks, the nose, the mouth, the chin, and the hair are parts of the head.
3. In the mouth there are the tongue and the teeth.
4. There are many bones in the body.
5. You have two hands and two feet.
6. How many arms have you?
7. This man has only one arm.

8. How many hands has he?
9. How many fingers has he?
10. He has ten fingers but he has only one eye.
11. I have an uncle.
12. He has sons and daughters.
13. The sons have horses and pictures.
14. The daughters have many jewels.
15. The little boy has some money.
16. He has also toys and games.
17. Boys like games.
18. They like pictures also.
19. How do you like the animals in the pictures?
20. I like the animals but the color of the skies is not good.

Le Pluriel des Noms Composés

I. Si le nom est formé d'un adjectif et d'un nom, tous les deux prennent généralement la marque du pluriel:

le petit-fils	**les petits-fils**
le grand-père	**les grands-pères**
la basse-cour	**les basses-cours**

⌐ EXCEPTION **la grand'mère**   **les grand'mères**

II. Si le nom est formé de deux noms réunis par une préposition, c'est le premier seul qui prend la marque du pluriel:

l'arc-en-ciel	**les arcs-en-ciel**
le chef-d'œuvre	**les chefs-d'œuvre**

REMARQUES

1. Quelquefois la préposition est sous-entendue:

un Hôtel-Dieu, des Hôtels-Dieu. (de Dieu)
un timbre-poste, des timbres-poste. (de la poste)

2. En raison du sens, les expressions suivantes ne prennent pas la marque du pluriel:

un tête-à-tête, des tête-à-tête (une tête avec **une** tête).
un pied-à-terre, des pied-à-terre (une place où on peut mettre **un** pied à terre).
un coq-à-l'âne, des coq-à-l'âne (conversation où on passe du coq à l'âne). *Disconnected talk.*

III. Si le nom est formé d'un nom et d'un verbe, c'est le nom qui prend la marque du pluriel:

le tire-bouchon	**les tire-bouchons**
l'abat-jour	**les abat-jours**

IV. Si le nom est formé de deux mots invariables, comme par exemple un verbe et un adverbe, le nom composé est invariable:

le passe-partout	**les passe-partout**

Exercice

Formez le pluriel des noms suivants et donnez la règle:

l'œil	l'abat-jour	la plate-bande
la basse cour	le passe-partout	le porte-drapeau
le chef-d'œuvre	le garde-malade	l'arc-en-ciel
le pied-à-terre	le timbre-poste	le tête-à-tête

Questionnaire

1. Combien de sortes de noms y-a-t-il?
2. Nommez-les. Ex.
3. Comment forme-t-on le pluriel des noms?
4. Comment forme-t-on le pluriel des noms terminés par **au, eu?** Ex.
5. Quel est le pluriel du mot **fils?** La règle?

6. Quels sont les noms terminés par **ou** qui prennent x au pluriel?
7. Comment forme-t-on le pluriel des noms terminés par **al?** Ex.
8. Quels noms forment leur pluriel irrégulièrement?
9. Comment forme-t-on le pluriel d'un nom composé d'un adjectif et d'un nom? Ex.
10. Comment forme-t-on le pluriel d'un nom composé d'un nom et d'un verbe? Ex.

Chapitre 5

Le Genre des Noms

Il n'y a que deux genres en français, le **masculin** et le **féminin.**

REMARQUES

1. Les noms qui se terminent par **age, al, er, in** et **ment** sont masculins :

   le village, l'animal, le gouvernement, etc.

2. Les noms qui se terminent par **ade, ance, ence, eur, ié** et **tion** sont généralement féminin :

   la faveur, la moitié, la nation, etc.

Le Féminin des Noms

I. Pour former le féminin des noms qui désignent les personnes ou les animaux, nous suivons les règles des adjectifs :

un américain	une américaine
un époux	une épouse
un élève	une élève
un artiste	une artiste
un chat	une chatte
un chien	une chienne

EXCEPTIONS

un comte	une comtesse
un maître	une maîtresse
un prince	une princesse
un tigre	une tigresse
un loup	une louve

II. La plupart des noms terminés par **eur** changent **eur** en **euse:**

le danseur   la danseuse

EXCEPTIONS

    le défendeur   la défenderesse
    l'empereur   l'impératrice
    le gouverneur   la gouvernante (governess)

III. Noms en **teur.** Les mots qui se terminent en **teur** forment le féminin en changeant **teur** en **teuse,** si le mot dérive directement d'un participe présent:

chanteur	(chantant)	chanteuse
menteur	(mentant)	menteuse
porteur	(portant)	porteuse

Si le mot en **teur** ne dérive pas directement d'un participe présent, on change **teur** en **trice** au féminin:

admirateur	admiratrice
créateur	créatrice
fondateur	fondatrice

IV. Pour quelques animaux, il y a un mot spécial pour indiquer la femelle:

le mouton	la brebis
le mulet	la mule
le bœuf	la vache
le coq	la poule, etc.

V. Plusieurs noms qui indiquent une profession ou une fonction, autrefois généralement réservée aux hommes, n'ont pas de féminin:

auteur	écrivain
chef	peintre
docteur	poète
professeur	philosophe

S'il est nécessaire de spécifier, on dit:

une femme écrivain, une femme professeur.

VI. Les noms **amateur, successeur, sauveur, témoin** n'ont pas de féminin.

VII. Quelques noms ont une signification au masculin et une autre au féminin:

le livre, *the book*	**la livre,** *the pound*
le page, *the page*	**la page,** *the page (of a book)*
le poste, *the position*	**la poste,** *the post-office*
le somme, *the nap*	**la somme,** *the sum*
le critique, *the critic*	**la critique,** *the criticism*
le mode, *the mood*	**la mode,** *the fashion*
le guide, *the guide*	**la guide,** *the rein*
le tour, *the turn, trick, etc.*	**la tour,** *the tower*

Exercice I

Donnez le féminin des noms suivants: (Faites des phrases.)

le tigre	le prince	le poste	un époux
un élève	le baron	un acteur	le maître
le chasseur	le roi	l'empereur	le mouton
le défendeur	le menteur	le chat	le bœuf

Exercice II

Traduisez en français:

1. Do you hear the children's voices?
2. They are my neighbor's (fem.) children.
3. The little girl is a pretty dancer.
4. The brother is a dancer too.
5. They both danced before the empress of Russia who gave them beautiful jewels.

6. The children have a governess.
7. She is a good teacher.
8. She is not a good singer.
9. She used to be an actress.
10. The husband was also an actor.
11. He is a music teacher now.
12. The sister is a famous singer.
13. She is also an artist.

Questionnaire

1. Combien de genres y a-t-il en français?   Nommez-les.
2. Quel est le genre des noms terminés par **eur, ié, tion?**
3. De quel genre sont les noms terminés par **age, al, ment?**
4. Quel est le féminin des noms suivants: **l'époux, le comte, l'empereur?**
5. Nommez quelques noms qui ont une signification au masculin et une autre au féminin.

Chapitre 6

De l'Adjectif

Il y a en français deux sortes d'adjectifs: **les adjectifs qualificatifs**, et **les adjectifs déterminatifs.**

Les Adjectifs Qualificatifs

L'adjectif qualificatif est un mot qui qualifie un nom. Il s'accorde en genre et en nombre avec le nom qu'il qualifie:

Le petit garçon est bon.   **Les petits garçons sont bons.**
La petite fille est bonne.   **Les petites filles sont bonnes.**

Formation du Pluriel des Adjectifs

Le pluriel des adjectifs se forme généralement comme le pluriel des noms.

I. Nous ajoutons **s** au singulier pour former le pluriel:

Un joli livre.
Cinq jolis livres.

REMARQUE

Un adjectif terminé par **s** ou **x** au singulier ne change pas au pluriel:

un gros livre, deux gros livres.

II. Pour former le pluriel des adjectifs qui se terminent par **eau** nous ajoutons **x** au singulier:

le beau livre, les beaux livres.

REMARQUE

L'adjectif **bleu** forme le pluriel régulièrement en ajoutant **s.**

III. Les adjectifs en **al** changent **al** en **aux** au pluriel:

égal, égaux

EXCEPTIONS

final, finals
glacial, glacials
naval, navals

Exercice I

Mettez au pluriel:

1. Cet homme est toujours loyal.
2. C'est un vieux général.
3. Il n'est jamais brutal.
4. Il porte un chapeau bleu.
5. Il est très grand.
6. Il est très brave.
7. Il est aussi généreux.
8. Il a un gros livre.
9. C'est un beau tableau.
10. Est-ce un nouveau tableau?

Exercice II

Traduisez en français:

1. These two tall boys are in my class.
2. They live in a little village.
3. The inhabitants of the village are poor but they are not lazy.
4. The children are studious and attentive.
5. Here is the main street.
6. Here are the baker and the tailor in front of their shops.
7. They are curious.
8. The moving picture theaters of the village are not large.

9. They are small.
10. There are not many large buildings in the village.
11. There are two small hotels and two good hospitals.

Formation du Féminin des Adjectifs

I. Nous formons le féminin des adjectifs en ajoutant **e** au masculin:

> **petit, petite.**

REMARQUE

> Un adjectif qui se termine par **e** au masculin ne change pas au féminin:
>
> **un jeune garçon, une jeune fille.**

II. Pour former le féminin des adjectifs qui se terminent en **x** nous changeons **x** en **se**:

> **heureux, heureuse; joyeux, joyeuse.**

EXCEPTIONS **faux, fausse; doux, douce.**

III. Nous formons le féminin des adjectifs terminés par **f** en changeant **f** en **ve**:

> **actif, active; attentif, attentive.**

IV. Les adjectifs terminés par la consonne **l, n, s,** ou **t,** en général, doublent cette consonne avant d'ajouter **e**:

> **cruel, cruelle; sot, sotte.**

EXCEPTIONS **gris, grise; dévot, dévote; complet, complète; inquiet, inquiète; secret, secrète; discret, discrète;** et tous les adjectifs en **al; fatal, fatale.**

V. Pour former le féminin des adjectifs terminés par **er, ier,** nous ajoutons **e** au masculin et nous mettons un accent grave (`) sur l'**e** qui précède l'**r**:

> **cher, chère; dernier, dernière; premier, première.**

VI. Les adjectifs en **gu** forment le féminin régulièrement en ajoutant **e** mais prennent un tréma (¨) sur cet **e:**

> **aigu, aiguë; exigu, exiguë.** On prononce **u** après le **g** dans
> ces adjectifs.

VII. Il y a cinq adjectifs qui ont une forme spéciale au
masculin devant une voyelle ou une **h** muette. Ce sont:

masculin	*féminin*
beau, bel	**belle**
fou, fol	**folle**
mou, mol	**molle**
nouveau, nouvel	**nouvelle**
vieux, vieil	**vieille**

Cette forme en **l** n'a pas de pluriel—**beau, bel;** pluriel
masculin, **beaux.**

VIII. Voici quelques adjectifs qui forment leur féminin
irrégulièrement:

blanc, blanche	**grec, grecque**
franc, franche	**long, longue**
favori, favorite	**bénin, bénigne**
frais, fraîche	**roux, rousse**
public, publique	**turc, turque**

Exercice I

Formez le féminin des adjectifs suivants et donnez la règle

gai	mauvais	petit
joyeux	actif	malheureux
bas	cruel	chaud
haut	ancien	brave
sale	fier	neuf
beau	favori	gris
complet	secret	aigu
fatal		

Exercice II

Traduisez en français:

1. We live in a large city.
2. It has many narrow streets and wide avenues.
3. It has also some beautiful churches and a large cathedral.
4. There is an interesting university in the city.
5. We have many large schools for the little boys and girls.
6. The girls are studious but the boys are sometimes lazy.
7. The girls are sometimes curious.
8. There is a public school near the library.
9. It is very old.
10. It is not beautiful.

Questionnaire

1. Qu'est-ce qu'un adjectif?
2. Avec quoi s'accorde-t-il?
3. Comment forme-t-on le pluriel des adjectifs? Ex.
4. Quel est le pluriel des adjectifs terminés par **s, x, ou z?** Ex.
5. Quelle est la règle pour le pluriel des adjectifs terminés par **au?** Ex.
6. Comment forme-t-on le pluriel des adjectifs en **al?** Ex.
7. Quelle est la règle pour la formation du féminin des adjectifs? Ex.
8. Quel est le féminin de l'adjectif **bon?** La règle?
9. Comment forme-t-on le féminin des adjectifs terminés par **f?** Ex.
10. Quel est le féminin de l'adjectif **heureux?** La règle?
11. Quelle est la règle pour la formation du féminin des adjectifs terminés par **er, ier?** Ex.
12. Quand emploie-t-on **bel, nouvel, vieil?** Ex.

Chapitre 7

L'Accord de l'Adjectif

I. L'adjectif qui qualifie plusieurs noms masculins est au masculin pluriel:

Le garçon et l'homme sont *bons.*

II. L'adjectif qui qualifie plusieurs noms féminins est au féminin pluriel:

La tante et la mère sont *bonnes.*

III. L'adjectif qui qualifie plusieurs noms masculins et féminins est toujours au masculin pluriel:

Les hommes et les femmes sont *bons.*

IV. L'adjectif **nu** placé devant le substantif reste invariable; placé après le substantif, il s'accorde en genre et en nombre:

Le garçon marchait *nu***-pieds hier.**
Il marchait pieds nus et tête *nue* **quand je l'ai vu.**

V. L'adjectif **demi** reste invariable devant le nom, mais, après le nom, il s'accorde en genre; cet adjectif, toutefois, reste toujours au singulier:

J'ai acheté une *demi***-livre de beurre.**
J'y suis resté une heure et *demie.*
deux heures et *demie.*

VI. Les mots **excepté, vu, y compris,** sont des prépositions, quand ils sont employés devant le nom et, par conséquent, sont invariables. Après le nom, ils sont adjectifs et, par conséquent, variables:

Excepté **les enfants—Les enfants** *exceptés.*

VII. **Ci-joint** et **ci-inclus** sont invariables lorsqu'ils commencent la phrase ou lorsque le nom qui suit n'est précédé ni de l'article ni de l'adjectif déterminatif :

Vous trouverez *ci-joint* copie de sa lettre.
***Ci-joint* la copie du contrat.**
Mais: **Vous trouverez *ci-jointe* la lettre de Paul.**

VIII. Deux adjectifs réunis pour exprimer la couleur sont invariables ; le premier est alors employé comme nom :

Deux robes *bleu foncé*.   (C'est-à-dire d'un bleu foncé.)

IX. L'adjectif employé adverbialement est invariable :

Ces pommes coûtent *cher*.
Ces fleurs sentent *bon*.
Ils crient bien *haut*.
Vous m'avez coupé les cheveux trop *court*.

Exercice

Traduisez en français :

1. Latin and Greek are difficult.
2. They are interesting.
3. History and geography are also interesting.
4. The words and sentences in the story are long.
5. The professor tells good stories of boys who used to go barefooted and now are very rich.
6. He sometimes talks a half hour if we are studious.
7. One day he talked an hour and a half.
8. We sometimes cry out very loudly: Go on.
9. We like him because he is a very good professor.
10. Education now costs a great deal.

La Comparaison des Adjectifs

Les trois degrés de comparaison des adjectifs sont **le positif, le comparatif** et **le superlatif.**

I. Le positif est l'adjectif même:

> **Elle est *jeune.***

II. On forme le comparatif de l'adjectif en mettant **plus, moins,** ou **aussi** devant l'adjectif et **que** après:

> **Elle est *plus* jeune *que* son amie.**
> **Son amie est *moins* jolie *qu'*elle.**
> **Son frère est *aussi* grand *que* Marie mais il n'est pas *si* jeune.** On emploie **si** au lieu de *aussi* après la négation.

REMARQUES

1. Pour exprimer *than* devant un nombre on emploie **de:**

   > **Nous avons plus *de* quatre crayons.**

2. Dans les locutions anglaises *the more—, the more; the less—, the less,* etc.; *the* ne se traduit pas.   On dit:

   > ***Plus* on est riche, *plus* on a de soucis.**
   > ***Moins* il travaille, *moins* il gagne.**

3. L'emploi de **ne** avec le verbe qui suit **que** (*than*) est facultatif:

   > **Nous sommes plus riches que vous *ne* pensez, (ou) que vous pensez.**

III. Pour former le superlatif de l'adjectif, nous mettons l'article défini ou l'adjectif possessif devant le comparatif:

> **joli(e); plus joli(e); *le* ou *la* plus joli(e).**
> **joli(e); moins joli(e); *le* ou *la* moins joli(e).**
> **Marie et Jeanne sont *mes* plus chères amies.**

REMARQUES

1. Le superlatif se place en général après le nom; le superlatif des adjectifs qui précèdent le nom peut se placer avant ou après le nom:

   > **Le plus petit garçon (ou) le garçon le plus petit.**

2. Si le superlatif suit le nom, nous avons l'article défini devant le nom aussi bien qu'avec le superlatif:

   La leçon la plus difficile.

3. Nous exprimons *in*, après le superlatif, par **de:**

   Mon oncle est l'homme le plus riche *de* la ville.

4. Remarquez la phrase suivante:

   C'est dans la classe de français que cette jeune fille est *le* plus heureuse.

   Heureuse ici n'est pas au superlatif—**le plus** signifie **au plus haut degré** et par conséquent est invariable.

5. Il y a trois adjectifs qui ont la comparaison irrégulière; ce sont:

bon(ne)	**meilleur(e)**	**le ou la meilleur(e)**
petit(e)	**plus petit(e),**	**le ou la plus petit(e)**
	moindre	**le ou la moindre**
mauvais(e)	**plus mauvais(e),**	**le ou la plus mauvais(e)**
	pire	**le ou la pire.**

Exercice

Traduisez en français:

1. The little boy is young.
2. He is younger than the little girl.
3. She is not so tall as he.
4. He is (c'est) the youngest boy in the class.
5. He is the best pupil in the class.
6. The more he works the better he likes his books.
7. He has more books than you think.
8. He likes the best books.
9. You have the poorest pupil in the class.
10. He is not so lazy as John.

La Position de l'Adjectif

I. Les adjectifs se placent généralement après le nom:

Un homme intelligent.

II. Il y a quelques adjectifs qui se placent en général devant le nom.
   Ce sont:

beau, bon, court, grand, gros, jeune, joli, long, mauvais, méchant, petit, vieux, vilain, etc.

J'ai un bon livre.   **C'est un méchant garçon.**

III. Les adjectifs qui expriment la couleur, la nationalité, ou une qualité physique se placent toujours après le nom:

Une robe bleue.
Une grammaire française.
L'eau chaude.
Le temps froid.

IV. S'il y a deux adjectifs réunis par la conjonction **et,** ils se placent, généralement, après le nom:

Voilà une femme jeune et jolie.

V. Il y a des adjectifs qui ont une signification quand ils précèdent le nom et une autre quand ils le suivent:

bon	**C'est un homme bon.**	*He is a good man.*
	C'est un bon homme.	*He is a simple man, or a good fellow.*
brave	**C'est un homme brave.**	*He is a brave man.*
	C'est un brave homme.	*He is a worthy man, a good natured man.*
cher	**C'est mon cher ami.**	*He is my dear friend.*
	C'est une robe chère.	*It is a costly gown.*
grand	**C'est un grand homme.**	*He is a great man.*
	C'est un homme grand.	*He is a tall man.*

VI. Différence entre **neuf** et **nouveau:**

Il a un chapeau neuf. $\begin{cases} He \ has \ a \ new \ (newly \\ made, \ unworn) \ hat. \end{cases}$

Il a un nouveau chapeau. $\begin{cases} He \ has \ a \ hat \ of \ new \\ fashion \quad (ou) \quad he \\ has \quad another \quad hat. \end{cases}$

Exercice

Traduisez en français:

1. We like the Italian language.
2. We have some Italian books.
3. They are on the square table.
4. You will find some black ink on the round table.
5. Have you a French grammar?
6. Here is a good grammar but it is an Italian grammar.
7. There is an old book on the little desk.
8. Have you an American newspaper?
9. If you haven't any American newspapers, bring me an English paper, please.
10. I also wish a glass of cold water.

Questionnaire

1. Quelle est la règle d'accord de l'adjectif qui qualifie plusieurs noms? Ex.
2. Combien de degrés de comparaison y a-t-il?
3. Nommez-les.
4. Comment forme-t-on le comparatif? Le superlatif?
5. Donnez la comparaison des adjectifs **bon, mauvais,** et **petit.**
6. Où place-t-on l'adjectif? Ex.
7. Nommez quelques adjectifs qui se placent devant le nom.

8. Où place-t-on les adjectifs qui expriment la couleur, la nationalité, etc? Ex.
9. Nommez quelques adjectifs qui ont une signification devant le nom et une autre après.
10. Où place-t-on les adjectifs réunis par la conjonction **et?** Ex.

Chapitre 8

Les Adjectifs Déterminatifs

Les adjectifs déterminatifs se divisent en **adjectifs démonstratifs, possessifs, interrogatifs, numéraux,** et **indéfinis.**

L'Adjectif Démonstratif

L'adjectif démonstratif détermine le nom en y ajoutant une idée d'indication (pointing):

> **Ce livre, cette table.**

L'adjectif démonstratif s'accorde avec le nom et se répète devant chaque nom:

> **Il me donne** *ce* **livre et** *ce* **crayon.**

Les formes de l'adjectif démonstratif sont:
  ce (*this* ou *that*) pour le masculin singulier,
  cet (*this* ou *that*) pour le masculin singulier, devant un
      mot qui commence par une voyelle ou une **h** muette,
  cette (*this* ou *that*) pour le féminin singulier,
  ces (*these* ou *those*) pour le pluriel masculin ou féminin:

> *Ce* **crayon est bon.**
> *Cet* **homme est intelligent.**
> *Cette* **plume est mauvaise.**
> *Ces* **crayons et** *ces* **plumes sont mauvais.**

Pour exprimer le contraste entre *this* et *that, these* et *those,* on met **ci** ou **là** avec un trait d'union après le nom ou l'adjectif:

> **Cette chambre-***ci***; cette chambre-***là***.**   *This room, that room.*
> **Ces garçons-***ci***; ces garçons-***là***.**   *These boys, those boys.*
> **Ce livre rouge-***ci***.**   *This red book.*

Exercice I

Remplacez le tiret par l'adjectif demonstratif:

1. – livres sont intéressants.
2. Ils sont plus intéressants que – tableaux.
3. – tableau est le plus joli de – collection.
4. Le jardin de – maison n'est pas si grand que – autre jardin, là-bas, à côté de l'école.
5. – homme a-t-il acheté – maisons et – jardins?
6. Il nous a vendu – bureau.
7. J'ai versé – encre dans – encrier.
8. Avez-vous apporté – papiers et – stylo?
9. Donnez-lui – cahier.
10. A qui sont – cahier et – règle?

Exercice II

Traduisez en français:

1. This collection of pictures is interesting.
2. It is better than that collection.
3. Who bought this house?
4. It is the prettiest house on this street.
5. That house beside the school is larger than this house but it is not so pretty.
6. This house has a large garden.
7. There are many flowers in this garden.
8. Those flowers are tulips but these flowers are violets.
9. These violets are smaller than these tulips but they are prettier.
10. The yellow tulips are not so pretty as the red roses.
11. That white rose is beautiful, isn't it?
12. Where did you find those white roses?
13. Were they in this garden?
14. No, they were in that woman's garden.
15. They were the smallest flowers in that garden.

Questionnaire

1. Nommez les cinq sortes d'adjectifs déterminatifs.
2. Quelles sont les formes de l'adjectif démonstratif?
3. Avec quoi s'accorde-t-il?   Ex.
4. Quand emploie-t-on **cet?**   Ex.
5. Pourquoi emploie-t-on **ci** ou **là?**   Ex.

Chapitre 9

L'Adjectif Possessif

L'adjectif possessif exprime la possession. Les adjectifs possessifs sont:

masculin	*féminin*	*pluriel*
sing.	*sing.*	*m. et f.*
mon	ma	mes
ton	ta	tes
son	sa	ses
notre	notre	nos
votre	votre	vos
leur	leur	leurs

L'adjectif possessif, en français, s'accorde avec le nom qu'il qualifie et non pas avec le possesseur, comme en anglais:

Son crayon est ici.   *His (her) pencil is here.*
Sa plume est sur la table.   *His (her) pen is on the table.*

Il faut répéter l'adjectif possessif devant chaque nom:

Mon père et ma mère sont ici.

REMARQUES

1. Si le nom féminin singulier commence par une voyelle ou une **h** muette, nous employons **mon, ton, son,** au lieu de **ma, ta, sa:**

   Mon encre, ton amie, son histoire.

2. Les adjectifs possessifs sont remplacés par l'article défini devant une partie du corps, quand le sens indique clairement le possesseur:

   J'ai mal à la tête.

3. Si le sens n'indique pas clairement le possesseur, on exprime, généralement, l'idée de possession par un pronom personnel régime:

Je *me* brosse les dents. Il *se* lave les mains. Cet enfant est sale; dites à la bonne de *lui* laver la figure.

N.B.—Dans les deux premiers exemples, le verbe est réfléchi, parce que le sujet fait l'action sur une partie de son propre corps.

4. En parlant des choses, **son, sa, ses, leur, leurs** ne s'emploient que lorsque la chose est possédée par le sujet:

La ville a ses beautés.
Mais: **Voici une grande ville; j'*en* admire les beautés.**

Si la chose possédée est le complément d'une préposition, on emploie **son, sa, ses, leur, leurs,** même si le possesseur n'est pas le sujet de la proposition où se trouve l'adjectif possessif:

Paris est une grande ville; nous admirons la beauté de *ses* édifices.

Exercice I

Remplacez le tiret par l'adjectif possessif (A) de la 1ère personne du sing.; (B) de la 3ème pers. du sing.; et (C) de la 2ème personne du pluriel:

1. — livre et — papier sont sur — pupitre.
2. Où sont — crayon, — encre et — cahier?
3. — encre est-elle dans — encrier?
4. Elle est avec — stylo et — buvard.
5. — craie et — gomme sont sur le plancher.

Exercice II

Répondez aux questions suivantes:

1. Où est votre règle?
2. Où est la règle de Marie?
3. Avez-vous apporté vos bons crayons?
4. Montrez-moi votre boîte.
5. Où sont nos livres?
6. Avez-vous le stylo de Jean?
7. Qui a mon encre?
8. Ai-je votre stylo?
9. Est-il sur mon bureau?
10. Où sont mes affaires?

Exercice III

Traduisez en français:

1. These books are not interesting.
2. They are less interesting than those pictures.
3. I like this fountain pen but this ink is poor.
4. My books and pencils are on your desk.
5. No, they are on Mary's desk.
6. Where is your ruler?
7. It is on her desk.
8. No, it is on your table.
9. My ink is here but where is my notebook?
10. It is on his table with their books.
11. Have you her fountain pen?
12. Yes, it is in my box.
13. Where is her other fountain pen?
14. Is it on my desk or in his box?
15. It is on your desk.
16. Their fountain pens and pencils are in our box.
17. Our books are on your brother's desk.

Questionnaire

1. Qu'exprime l'adjectif possessif?
2. Quels sont les adjectifs possessifs?
3. Faut-il les répéter devant chaque nom?
4. Avec quoi s'accorde-t-il?
5. Mettez dans des phrases: **mon, mes, sa, notre, vos, leurs.**
6. Comment exprime-t-on généralement le possessif devant une partie du corps?

Chapitre 10

De l'Adjectif Interrogatif

L'adjectif interrogatif sert à interroger. Les formes de l'adjectif interrogatif sont:

quel (*what, which*) pour le masculin singulier,
quelle (*what, which*) pour le féminin singulier,
quels (*what, which*) pour le masculin pluriel,
quelles (*what, which*) pour le féminin pluriel:

> **Quel livre avez-vous?**
> **Quelle leçon étudie-t-il?**
> **Quels livres avez-vous?**
> **Quelles leçons étudie-t-il?**
> **De quelle couleur est cette fleur?**

REMARQUES

1. Nous employons **quel** dans les exclamations pour signifier *what a! what!:*

> **Quelle belle femme!**
> **Quel beau temps!**

2. **Quel, quelle** est un **adjectif** et s'emploie **toujours** avec un nom qu'il modifie:

> *Quel* livre avez-vous apporté? *What book did you bring?*
> Mais: *Qu'*avez-vous apporté? *What did you bring?*

Exercice I

Remplacez le tiret par l'adjectif interrogatif convenable:

1. — garçon est dans la salle?
2. Dans — salle est-il?
3. — livres a-t-il choisis?

4. Sur – bureau les a-t-il mis?
5. – bon garçon!
6. – âge a-t-il?
7. – robes lui avez-vous données?
8. Dans – chambre les avez-vous prises?
9. – crayons avez-vous trouvés?

Exercice II

Traduisez en français:

1. What is the color of your fountain pen?
2. Which fountain pen?
3. Your best (one).
4. It is red.
5. What dress have you bought?
6. I haven't any pencil.
7. Here are some good ones.
8. Here is also a good notebook.
9. Thank you, I have some good ones.
10. What book did you give the boy?
11. What lady found these books?
12. Of what books are you speaking?
13. What is the color of those books?
14. They are blue, aren't they?
15. What pretty books!

Questionnaire

1. Quelles sont les formes de l'adjectif interrogatif?
2. Quand emploie-t-on **quel?**   Ex.
3. Quand emploie-t-on **quelle?**   Ex.
4. Quand emploie-t-on **quels?**   Ex.
5. Que signifie **quel** quand il est exclamatif?
6. **Quel, quelle,** etc., peut-il s'employer **seul** comme sujet ou régime d'un verbe?

Chapitre 11

Les Adjectifs Numéraux

Les adjectifs numéraux se divisent en **adjectifs numéraux cardinaux** et **adjectifs numéraux ordinaux**.
Les **adjectifs numéraux cardinaux** expriment le nombre.

Ce sont:

0. zéro	30. trente
1. un, une	31. trente et un
2. deux	40. quarante
3. trois	41. quarante et un
4. quatre	50. cinquante
5. cinq	51. cinquante et un
6. six (siss)	60. soixante (soissante)
7. sept (set)	61. soixante et un
8. huit (uit)	70. soixante-dix
9. neuf (neuf)	71. soixante et onze
10. dix (diss)	72. soixante-douze
11. onze	80. quatre-vingts
12. douze	81. quatre-vingt-un
13. treize	90. quatre-vingt-dix
14. quatorze	91. quatre-vingt-onze
15. quinze	100. cent
16. seize	101. cent un
17. dix-sept	200. deux cents
18. dix-huit (diz)	250. deux cent cinquante
19. dix-neuf (diz)	1000. mille
20. vingt	5000. cinq mille
21. vingt et un	1000000. un million
22. vingt-deux	1000000000. un milliard

Remarques

.1. On n'emploie pas **un** devant **cent** et **mille**. **Cent** sans article signifie *one hundred, a hundred.*

2. Le **t** ne se prononce pas devant un autre nombre:

   Cent onze.

   Le **t** de **vingt** se prononce entre **vingt** et **trente**.

3. Dans les dates, on emploie, quelquefois, **mil** au lieu de **mille**.

4. Après **un million** et **un milliard,** on met **de** devant un nom:

   Un million d'hommes.

5. **Vingt** et **cent** prennent **s,** quand ils sont multipliés par un autre nombre:

   Quatre-vingts hommes, deux cents hommes.

   Mais ils restent invariables, quand ils sont suivis d'un autre nombre:

   Quatre-vingt-six hommes, quatre cent six hommes.

   Vingt et **cent** sont toujours invariables, quand ils sont employés pour **vingtième** et **centième:**

   Chapitre quatre-vingt, page trois cent.

6. La consonne finale de 5, 6, 7, 8, 9, 10 est muette devant un substantif que ces nombres qualifient, quand ce substantif commence par une consonne:

   Dix (di) francs.

7. Devant **huit** et **onze** il n'y a ni liaison ni élision:

   Il n'a pas huit livres, le onze juin.

Emploi des Adjectifs Numéraux Cardinaux

Les adjectifs numéraux cardinaux s'emploient:

I. En parlant de l'heure:

   Quelle heure est-il? *What time is it?*
   Il est quatre heures. *It is 4 o'clock.*
   Il est deux heures et demie. *It is half past two.*
   Il est cinq heures (et) un quart. *It is 5.15.*

Il est six heures moins un quart. *It is 5.45, a quarter of six.*
Il est sept heures dix. *It is 7.10.*
Il est trois heures moins cinq. *It is 2.55, five of three.*
Il est midi et demi. *It is 12.30.*
Il est minuit. *It is midnight.*

Au lieu de **midi** ou de **minuit** ou de **du matin** ou **du soir,** on exprime aussi les heures en comptant de un à vingt-quatre:

Il est 12 heures *(noon);* **il est 15 heures** *(3 P.M.);* **il est 24 heures** *(12 A.M., midnight).*

II. En parlant de l'âge:

Quel âge a-t-il? *How old is he?*
Il a huit ans. *He is eight (years old).*
Un garçon âgé de onze ans. *A boy eleven years old.*

III. En parlant des dates et des titres des souverains, excepté **premier:**

C'est aujourd'hui le quinze décembre.
Henri IV (quatre). Mais: **Napoléon I.** **(premier).**

IV. En parlant de la mesure:

Cette maison est haute de vingt pieds.
Cette maison a une hauteur de vingt pieds.
Cette maison a vingt pieds de hauteur.
Cette maison est longue de vingt-cinq pieds.
Elle a vingt-cinq pieds de longueur sur vingt de hauteur.

Exercice I

Répondez à ces questions:

1. Quel jour du mois est-ce aujourd'hui?
2. A quelle heure êtes-vous arrivé à l'école?
3. Y êtes-vous arrivé de bonne heure?
4. Quelle heure est-il à votre montre?
5. Est-il trois heures?
6. A quelle heure sortirez-vous?
7. Quelle heure est-il?
8. Votre sœur à quelle heure est-elle sortie?

9. Quel âge a-t-elle?
10. Est-elle plus âgée que vous?

Exercice II

Il y a sept jours dans la semaine. Les jours de la semaine sont: lundi, mardi, mercredi, jeudi, vendredi, samedi et dimanche. Il y a cinquante-deux semaines ou douze mois dans une année. Les mois de l'année sont: janvier, février, mars, avril, mai, juin, juillet, août, septembre, octobre, novembre, décembre. Il y a quatre saisons dans une année. Ce sont: le printemps, l'été, l'automne et l'hiver. En hiver, il fait froid. Dans un jour, il y a vingt-quatre heures. Il y a soixante minutes dans une heure et soixante secondes dans une minute.

Répondez aux questions suivantes:
1. Combien de jours y a-t-il dans une semaine; dans deux semaines; dans trois semaines?
2. Nommez les jours de la semaine.
3. Quel jour de la semaine est-ce aujourd'hui?
4. Combien de semaines y a-t-il dans une année?
5. Combien de mois y a-t-il dans une année; dans deux années; dans cinq années?
6. Nommez les mois de l'année.
7. Comptez de six à trente; de quarante à quatre-vingts, de quatre-vingts à cent.
8. Combien font 2 fois 2; 8 fois 8; 12 fois 12?
9. Écrivez en toutes lettres: 61, 76, 81, 92, 300, 102, 2475, 1916.

Exercice III

Traduisez en français:
1. 73 and 18 make 91.
2. 94 and 17 make 111.
3. 74 minus (moins) 31 make 43.
4. 66 minus 28 make 38.

5. Seven times (fois) eight make 56.
6. Eight times twelve make 96.
7. Twelve months make a year.
8. There are 52 weeks in one year.
9. How many weeks are there in three months?
10. How many minutes are there in one hour?
11. There are sixty minutes in an hour and 24 hours in one day.
12. How old is your little sister?
13. She is sixteen years old today.
14. She is four years older than her brother.
15. She was born (est née) June 17, 1944.
16. How high is that tree?
17. It is 23 feet high.
18. That house is three feet higher than the tree, (higher than the tree by (de) three feet).
19. The house is 36 feet long and 27 feet wide.
20. What time is it by his watch?
21. It is eight o'clock; it is a quarter to eight; it is half past eight; it is ten minutes to nine.
22. It is three P.M.; it is ten P.M. (*Express in two ways.*)

Chapitre 12

Les Adjectifs Numéraux Ordinaux

Les **adjectifs numéraux ordinaux** marquent l'ordre, le rang.

1. Pour former les adjectifs numéraux ordinaux, on ajoute **ième** après la dernière consonne des adjectifs numéraux cardinaux, sauf dans les mots **cinq** et **neuf**.

2. On ajoute **u** après **q** dans **cinq** et nous changeons **f** en **v** dans **neuf** devant **ième:**

1st. **premier:** féminin, **première**	6th. **sixième**
2nd. **deuxième** (ou) **second:**	7th. **septième**
féminin, **seconde**	8th. **huitième**
3rd. **troisième**	9th. **neuvième**
4th. **quatrième**	20th. **vingtième**
5th. **cinquième**	21st. **vingt et unième**

I. Les adjectifs numéraux ordinaux s'accordent avec les noms en genre et en nombre:

> **Les dernières leçons.**
> **Les premiers livres.**

II. Les adjectifs numéraux ordinaux s'emploient pour exprimer une fraction:

Un **cinquième**, $\frac{1}{5}$; un **huitième**, $\frac{1}{8}$; quatre **centièmes**, $\frac{4}{100}$; etc., comme en anglais; mais: **un demi**, $\frac{1}{2}$: **un tiers**, $\frac{1}{3}$; **trois quarts**, $\frac{3}{4}$.

III. Dans les dates et dans les titres des souverains, on emploie les adjectifs numéraux cardinaux, sauf le **premier:**

> Le *premier* mars.   *March 1st.*
> Mais: Le *onze* février.   *February 11th.*
> Le *seize* janvier.   *January 16th.*
> François *premier*.   *Francis the First.*

Mais: **Louis** *quatorze.* *Louis the 14th.*
Henri *quatre.* *Henry the Fourth.*
Je suis parti le *premier* **juin et je suis arrivé le** *quatre.*

REMARQUES

1. *On* ne se traduit pas dans les dates, en français:

Je suis arrivé lundi. *I arrived on Monday.*
Il est parti le quinze. *He left on the 15th.*

2. En français, les nombres cardinaux précèdent les nombres ordinaux:

J'ai lu les *trois* **ou** *quatre premiers* **chapitres de ce livre**
les *trois premiers* **jours de mon séjour à la campagne.**

Exercice

Traduisez en français:

1. 17, 17th.
2. 28, 28th.
3. 41, 41st.
4. 91, 91st.
5. 300, 300th.
6. $\frac{2}{5}$, $\frac{6}{8}$, $\frac{8}{100}$.
7. $\frac{3}{2}$, $\frac{2}{3}$, $\frac{3}{4}$.
8. Francis the First was a good king.
9. The French loved Henry IV.
10. Louis XIV was king of France in the 17th century.
11. Did your father go to Europe last summer?
12. Was he in France on July 14th?
13. He was in London the 14th and went to Paris the 15th.
14. He will return to Boston the 1st of August.
15. I was in France the 21st of June, 1959.
16. I shall be in New York on Sunday.
17. I shall read the first three chapters of that book.

Chapitre 13

Adjectifs Indéfinis

Les **adjectifs indéfinis** indiquent les personnes et les choses d'une manière vague. Ils s'accordent en genre et en nombre avec le nom:

Je n'ai reçu aucun livre.

Voici quelques adjectifs indéfinis:
Chaque s'emploie au singulier:

Il y va chaque jour.

Différents et **divers** sont pluriels:

Il a de différents livres.

Maint se traduit par *many a*:

Je l'ai fait maintes fois.

Même est adjectif ou adverbe.
Même est adjectif quand il accompagne un nom ou un pronom personnel; il signifie en anglais *same* ou *self*:

Ces élèves font souvent les *mêmes* fautes.
Les enfants eux-*mêmes* ont beaucoup souffert dans la dernière guerre.

Même est adverbe et par conséquent invariable quand il signifie *even*:

Toutes les leçons *même* difficiles sont intéressantes.
Même le patinage ne m'intéresse plus.
Les bons élèves *même* font des fautes.

Quelque (*some*, singulier) s'emploie rarement:

Je le ferai quelque jour (un jour).

Page cinquante-trois (53)

Quelques (pluriel) s'emploie beaucoup et correspond, en anglais, à *a few:*

> **J'ai acheté quelques tableaux.**

Quelconque se place après le nom et signifie, en anglais, *any, whatever:*

> **Donnez-moi un journal quelconque.**

Exercice

Traduisez en français:

1. Are you looking for a certain book?
2. No, give me any book whatever.
3. Each year I buy different books.
4. I find even these novels interesting.
5. Here are a few good novels.
6. Each morning I buy some newspapers.
7. I do not always buy the same newspaper.
8. He buys any newspapers whatever.
9. Today I haven't any newspaper.
10. Many a time I have two.
11. Even today I bought three magazines and two newspapers.

Questionnaire

1. Quels sont les adjectifs indéfinis?
2. Quel est l'adjectif indéfini employé au singulier?
3. Quels sont les adjectifs indéfinis employés au pluriel?
4. Employez-les dans des phrases.
5. Que signifie **même?** Ex.

Chapitre 14

Du Pronom

Le pronom est un mot qui tient la place d'un nom. Il s'accorde, en genre et en nombre, avec le nom qu'il remplace:

Où est votre frère? Il est à la maison.
Avez-vous apporté vos patins? J'ai apporté *les miens.*

Il y a six sortes de pronoms: les **pronoms personnels, démonstratifs, possessifs, relatifs, interrogatifs** et **indéfinis.**

Pronoms Personnels

Il y a deux sortes de pronoms personnels: les **pronoms personnels disjoints** et les **pronoms personnels conjoints.**

Emploi des Pronoms Personnels Conjoints

Les **pronoms personnels conjoints** sont employés avec le verbe comme sujet ou comme régimes directs ou indirects. Ce sont:

SINGULIER

	sujet	*régime direct*	*régime indirect*
1ère pers.	je	me	me
2e pers.	tu	te	te
3e pers.	il, elle	le, la, se	lui, se

PLURIEL

1ère pers.	nous	nous	nous
2e pers.	vous	vous	vous
3e pers.	ils, elles	les, se	leur, se

3e pers. (sing. ou plur.) se, en, y.

1. Devant un verbe commençant par une voyelle ou une **h** muette, nous employons **m', t', l', s',** au lieu de **me, te, le, la, se.**
2. **Tu, te,** s'emploient dans le langage familier.
3. On emploie **le, la, les** pour remplacer un nom déterminé, c'est-à-dire un nom précédé d'un article défini ou d'un adjectif déterminatif tel que **ce, mon,** etc.:

   Êtes-vous *la* **sœur de mon amie? Je** *la* **suis.**
   Êtes-vous *les* **hommes que je cherche?**
   Nous *les* **sommes.**

4. Pour remplacer un nom indéterminé, un adjectif, un verbe avec son régime, ou une proposition entière, on emploie **le** qui reste invariable:

   Êtes-vous anglaise? Je *le* **suis.**
   Sommes-nous frères? Nous *le* **sommes.**
   On dit qu'elle va partir. Moi, je ne *le* **crois pas.**

5. Le pronom **en** signifie en anglais, *of it, of them, from it, from them, some* ou *any:*

   Je vous en donne. *I give you some (of them, of it).*
   Il nous en donne six. *He gives us six (of them).*

6. Le pronom **y** signifie **à cette chose, à ces choses, à cela,** etc., *to it, to them* (pour les choses), *in it, at it, there:*

   Il *y* **consentira.**
   Réfléchissez-*y***. Vous** *y* **allez.**

La Position des Pronoms

I. Le pronom personnel régime se place devant le verbe ou devant l'auxiliaire:

   Je *vous* **donne le livre.**
   Il *m'***a donné une plume.**
   Je *le* **donne au garçon.**
   Ne *le* **donnez pas au garçon.**

EXCEPTION A l'impératif affirmatif, le pronom régime se place après le verbe; le pronom régime direct précède le régime indirect et **en** est toujours le dernier des pronoms:

Donnez-*le* au garçon.
Donnez-*les-lui*.
Vendez-*nous-en*.

Si le seul pronom personnel régime ou si le dernier pronom personnel régime est **me** ou **te**, on change cette forme en la forme disjointe **moi** ou **toi**:

Vendez-le-*moi*.   Apportez-les-*moi*.   Dépêche-*toi*.
Mais: **Vendez-m'en.   Apportez-m'en.**

II. S'il y a deux pronoms, l'un régime direct et l'autre régime indirect, le régime direct se place le plus près du verbe:

Il nous *le* donne.
Je vous *les* donne.
Il me *l'*a donné.
Ne me *le* donnez pas.

EXCEPTION Si le pronom régime indirect est à la 3ème personne singulier ou pluriel, il se place après le régime direct et le plus près du verbe:

Je le *lui* donne.
Ne la *leur* donnez pas.

Mais à **l'impératif affirmatif** le régime direct se place toujours le plus près du verbe:

Donnez-*le*-moi.
Donnez-*le*-lui.

III. Voici une autre manière de déterminer la position des pronoms personnels régimes: un pronom de la 1ère personne ou 2ème personne précède un pronom de la 3ème personne:

Il *me le* donne.
Je *vous le* prêterai.

Quand les deux pronoms sont de la 3ème personne, le direct précède l'indirect:

> **Je** *le lui* **vendrai.**
> **Il** *les leur* **a donnés.**

Se précède toujours les autres pronoms personnels. **Y** et **en** se placent toujours après les autres pronoms et **y** précède **en:**

> **Il** *se les* **procure au guichet.**
> **Il** *nous en* **vend.**
> **Il** *y en* **a.**

IV. Voici un tableau de la position respective des pronoms personnels régimes:

me				
te	le	lui		
se	la	leur	y	en
nous	les			
vous				

V. Certains verbes ne prennent pas de pronom personnel régime, tels que: **penser, s'habituer, s'accoutumer, aller, venir, courir:**

> **Il pense** *à moi.*
> **Nous nous habituons** *à lui.*
> **Il vient** *à eux.*
> **Elle alla** *à lui.*

VI. Les Français évitent la combinaison d'un pronom personnel régime direct de la 1ère ou de la 2ème personne du singulier ou du pluriel avec un pronom personnel régime indirect de la 3ème personne du singulier ou du pluriel:

> **Voici Madame Martin; je vais vous présenter** *à elle.*
> **Voici M. Martin; veuillez me présenter** *à lui.*

Exercice I

Répondez affirmativement, puis négativement, aux questions suivantes, en remplaçant les substantifs par les pronoms correspondants:

1. Avez-vous mes livres?
2. A-t-il acheté des crayons?
3. Ai-je ton crayon?
4. A-t-elle mes livres?
5. Avez-vous trouvé mon encrier?
6. Avons-nous vos papiers?
7. Ai-je votre chaise?
8. Avez-vous acheté ces maisons?
9. Combien de francs avez-vous?
10. Vous avez apporté du papier, n'est-ce pas?

Exercice II

Répondez affirmativement aux questions suivantes, en remplaçant les substantifs par les pronoms correspondants:

1. Avez-vous dit cela à mon père? à ma mère? à mes sœurs?
2. Voulez-vous me donner cette chaise? ce crayon? ces livres?
3. Lui avez-vous donné cette lettre? ces timbres? ce stylo?
4. Vous a-t-il parlé de mon voyage? de ma visite?
5. En a-t-il parlé à son amie? à son maître?

Exercice III

Remplacez les substantifs par les pronoms personnels convenables:

1. Il a donné son ballon à sa sœur.
2. Donnez mon ballon à son amie.

3. Vous avez vendu ce livre latin à cet élève.
4. Ne vendez pas ce livre français à votre frère.
5. Ces élèves vendront leurs livres aux élèves des autres classes.
6. Ne donnez pas vos livres à ces élèves.
7. Combien de visites avez vous dû faire à ce médecin?
8. Je ferai deux visites à ce médecin demain.
9. Prêtez-moi ce crayon, s'il vous plaît.
10. Ne prêtez pas ce crayon à mon frère.
11. Il y a trois crayons sur mon bureau.
12. Apportez-moi deux crayons demain.
13. Pensez à ces crayons quand vous sortirez.
14. N'oubliez pas vos cahiers.
15. Montrez-moi vos cahiers demain matin.

Exercice IV

Traduisez en français:

1. Here is a watch.
2. I'll give it to the boy; I'll not give it to the girl.
3. He will give me some money if he has any.
4. I'll give them to you.
5. Have you seen him?
6. Give him this umbrella.
7. I found it in my room.
8. My sister gave it to me.
9. She will give you one also.
10. There were two in my room.
11. I'll give them to him.
12. Don't give them to her.
13. I found them and I shall not give them to you.
14. Here is a hat.
15. Show it to the lady.
16. She has not seen it.

17. Will you show it to her, please?
18. Is she French?
19. Yes, she is (it).
20. She is your sister's friend, isn't she?
21. No, she is not (it).

Chapitre 15

Pronoms Personnels Disjoints

Les **pronoms personnels disjoints** sont:

	singulier	*pluriel*
1ère pers.	moi	nous
2e pers.	toi	vous
3e pers.	lui, elle, soi	elles, eux

Emploi des Pronoms Personnels Disjoints

On les emploie:

I. Seuls, quand le verbe est sous-entendu:

> **Qui est là? Moi.**

II. Après **c'est** ou **ce sont:**

> **C'est moi.**
> **C'est lui.**
> **C'est nous.**
> **Ce sont eux.**

(Si le pronom est à la 3ème pers. du pluriel, on emploie **ce sont;** autrement **c'est.**)

III. Après une préposition:

> **Il est allé avec *moi.***
> **Il est arrivé après *vous.***

IV. Pour donner plus de force à un pronom personnel sujet ou régime:

> ***Moi*, je l'ai dit.**
> ***Vous*, vous parlez.**
> ***Lui*, il a dit cela; *elle*, elle a dit autre chose.**
> **Il m'a insulté, *moi*, son ami.**
> **Il les a trahis, *eux*, ses bienfaiteurs.**

V. Quand le sujet est composé de deux pronoms ou d'un pronom et d'un nom:

Lui et *moi*, **nous y irons.**
Ma mère et *vous*, **vous serez à la maison.**

VI. Quand le verbe a plusieurs pronoms personnels comme régimes, ou un nom et un pronom personnel comme régimes:

Il en donne à *vous* **et à** *moi*.
Il en a donné à mon frère et à *moi*.

REMARQUE

On emploie **soi** au lieu de **lui** ou **elle:**
1. Après un pronom indéfini:

Chacun pour *soi*.

2. Après l'infinitif précédé d'un verbe impersonnel:

Faut-il penser à *soi*?

Les Pronoms Composés

On joint aux pronoms personnels disjoints l'adjectif **même** pour donner plus de force à l'expression: **moi-même, toi-même, lui-même, nous-mêmes, etc.:**

Je l'ai fait *moi-même*.

REMARQUE

Moi-même, lui-même, etc., ne peuvent jamais s'employer pour former un verbe réfléchi.

Exercice I

Remplacez le pronom disjoint par celui de la 3e pers. du singulier, de la 1ère pers. et de la 3e pers. du pluriel:

1. Qui a faim? Moi.
2. Voulez-vous aller au restaurant avec moi?

3. Je voudrais y aller avec vous.
4. Jean et moi, nous y sommes allés hier soir avant vous.
5. Vous, vous avez pris mon livre.
6. Donnez-le-moi, s'il vous plaît, j'en ai besoin.
7. Eh bien! je le rapporterai moi-même ce soir.
8. Non, vous et moi, nous irons chez vous le chercher.

Exercice II

Traduisez en français:

1. Who is at the door?
2. It is I.
3. Who is with you?
4. Mary and her little brother are with me.
5. She and he are here.
6. Don't close the door; open it, please.
7. Mary and I are going home, if you don't open it.
8. I shall go home without her, if she stays with him.
9. Her brother is with her.
10. I shall not stay with them.
11. My mother and I are going to church this morning.
12. Will she leave before you, if you are not at home?
13. She? No, she never goes there alone.
14. She will wait for me at home.

Chapitre 16

Les Pronoms Démonstratifs

I. Les **pronoms démonstratifs** montrent la personne ou la chose dont on parle, tout en remplaçant cette personne ou cette chose.

Voici les pronoms démonstratifs:

celui-ci, celui-là, pour remplacer un nom masculin singulier,
celle-ci, celle-là, pour remplacer un nom féminin singulier,
ceux-ci, ceux-là, pour remplacer un nom masculin pluriel,
celles-ci, celles-là, pour remplacer un nom féminin pluriel.

$\left.\begin{array}{l}\textbf{ce}\\\textbf{ceci}\\\textbf{cela}\end{array}\right\}$ sont invariables.

REMARQUE

Ces pronoms s'accordent en genre et en nombre avec le nom qu'ils remplacent:

> **Voici deux livres;** *celui-ci* **est le mien,** *celui-là* **est le vôtre.**
> **J'ai acheté ces fleurs;** *celles-ci* **sont pour vous,** *celles-là* **sont pour moi.**

II. Ces pronoms s'emploient toujours avec le suffixe **ci** ou **là,** excepté devant la préposition **de** ou quand **celui, celle,** etc., est l'antécedent d'un pronom relatif:

> **J'ai apporté mes patins et** *ceux* **de mon frère.**
> **Donnez-moi** *ceux* **que vous avez apportés.**
> **Voici ma maison; voilà** *celle* **de ma tante.**

III. Celui-ci (celle-ci, etc. . . .) traduit l'expression anglaise *the latter*; **celui-là, (celle-là,** etc. . . .) l'expression *the former.*

En français on exprime *the latter* d'abord, *the former* ensuite:

Joffre et Foch sont deux grands généraux français. ***Celui-ci*** **organisa la victoire,** *celui-là* **arrêta l'ennemi à la Marne.** *The former stopped the enemy at the Marne, the latter organized the victory.*

IV. Celui qui se traduit par *he who*, **celle qui** par *she who*; **ceux qui, celles qui,** *they who*; **celui que,** *he whom*, etc.:

> **Ceux qui travaillent réussissent presque toujours.**
> **Les minutes paraissent longues à celui qui attend.**

V. Ceci et **cela** ont un sens général et ne peuvent jamais s'employer avec un nom ou pour remplacer un nom déterminé:

> **Faites cela.** *Do that (thing).*
> **Travaillez mieux que cela.** *Work better than that (way).*
> **Donnez-moi ceci.** *Give me this thing.*
> **Ceci est bon, cela est mauvais.**

Exercice I

Remplacez le tiret par le pronom démonstratif convenable:

1. Cette maison est plus grande que – .
2. – de mon frère est encore plus grande.
3. Voici des livres; – sont bleus, – sont noirs.
4. – qui est sur votre bureau est intéressant.
5. J'ai mes affaires; où sont – de votre ami?
6. Donnez-moi – que vous avez.
7. J'ai perdu mon stylo; voici – que j'ai emprunté.
8. J'ai apporté mes patins et – de mon frère.
9. Cette boîte-ci est-elle plus petite que – ?
10. – sont-elles meilleures que – ?
11. – est bonne.
12. Étudiez mieux que – .

Exercice II

Traduisez en français:

1. Is this house larger than that one?
2. Yes, it is also larger than my father's.
3. Those who like large houses like this one.
4. It has two gardens.
5. The one that is in front of the house is very pretty.
6. There are some flowers in that one.
7. There are vegetables in the one that is in back of the house.
8. There are beautiful trees in my father's garden.
9. I prefer those trees which have fruit.
10. Do you see those two schools?
11. There are boys and girls in that one.
12. The former are as numerous as the latter.
13. These girls are the ones who generally work.
14. Those are the ones who play.
15. The teachers like those who work.
16. I prefer the ones who play and study.
17. My brother's teacher likes him very much.
18. She is a very good teacher and helps the ones who do not understand the lesson.

L'Emploi du Pronom *Ce* comme Sujet du Verbe *Être*

Il ne faut pas confondre **ce** pronom démonstratif avec **ce** adjectif démonstratif. **Ce** adjectif s'emploie toujours avec un nom. **Ce** pronom ne s'emploie jamais avec un nom.

I. On emploie **ce** (*he, she, it, they*) comme sujet quand le verbe être est suivi d'un nom:

> **C'est mon père.**
> **Ce sont mes amis.**

II. Quand il est suivi d'un pronom:

> **C'est moi.**
> **C'est le mien.**

III. Ou du superlatif de l'adjectif:

> **C'est la femme la plus riche du village.**
> (*in* se traduit par **de** après le superlatif.)

IV. Ce s'emploie aussi comme sujet du verbe **être,** quand le verbe **être** est suivi d'un adjectif, sans être suivi d'un infinitif ou d'une phrase subordonnée:

> **C'est impossible.**
> **C'est utile.**
> Mais: *Il* **est inutile de travailler.**
> *Il* **est possible qu'il vienne nous voir.**

V. Aussi dans quelques expressions, comme:

> **C'est dommage.**
> **C'est vrai.**
> **C'est à moi.**

VI. Si le sujet du verbe être est une partie de phrase commençant par **ce qui** ou **ce que,** on emploie en français **ce** devant le verbe être:

> **Ce que j'adore le plus en vous,** *c'*est votre bravoure.
> **Ce que je désire le plus ardemment,** *c'*est de parler couramment le français.

Questionnaire

1. Quels sont les pronoms démonstratifs?
2. Avec quoi s'accordent-ils?   Ex.
3. Quand emploie-t-on **celui, celle,** etc., sans le suffixe? Ex.
4. Comment exprimez-vous *the former* et *the latter?*   Ex.
5. Quand emploie-t-on **ceci** ou **cela?**   Ex.
6. Quand est-ce qu'on emploie **ce** comme sujet du verbe être?   Ex.
7. Quand emploie-t-on **c'est** devant un adjectif?   Ex.

Chapitre 17

Les Pronoms Possessifs

Les **pronoms possessifs** remplacent un nom, tout en y ajoutant l'idée de possession. Ce sont:

SINGULIER		PLURIEL (de la chose possédée)	
masc.	*fém.*	*masc.*	*fém.*
le mien	la mienne	les miens	les miennes (*mine*)
le tien	la tienne	les tiens	les tiennes (*thine*)
le sien	la sienne	les siens	les siennes (*its, his, hers*)

PLURIEL (du possesseur)		PLURIEL (du possesseur et de la chose possédée)
masc.	*fém.*	*masc. et fém.*
le nôtre	la nôtre	les nôtres
le vôtre	la vôtre	les vôtres
le leur	la leur	les leurs

I. Les pronoms possessifs s'accordent en genre et en nombre avec la chose possédée et non avec le possesseur:

Vous avez vos plumes; il a les *siennes*.
J'ai mes crayons; il a les *siens*.

les siennes se rapporte à **plumes,** féminin pluriel; **les siens** se rapporte à **crayons,** masculin pluriel.

II. **Le tien, la tienne, les tiens, les tiennes,** s'emploient dans le langage familier:

Mon fils, tu as mon livre et le tien, n'est-ce pas?

III. **Le mien, le tien,** etc., s'emploient pour indiquer la distinction entre les possesseurs; l'idée de simple possession s'exprime plutôt par **être+à+un pronom personnel disjoint:**

> **Cette casquette est la *mienne*; cella-là est la *vôtre*.**
> **A qui est ce livre? Ce livre est *à moi*.**

IV. Les miens, les tiens, les siens, les nôtres, etc., s'emploient comme substantifs en parlant des membres de la même famille, de la même société, etc.:

> **J'ai vu un *des miens* hier.**
> **Rappelez-moi au bon souvenir *des vôtres*.**

V. Les siens, les siennes signifient *his, hers*. Le possessif ne s'accorde pas en genre et en nombre avec le possesseur:

> **Mes livres et les *siens*.** *My books and his (hers)*.
> **Mes plumes et les *siennes*.** *My pens and his (hers)*.

VI. Quand les prépositions **de, à,** précèdent le pronom possessif, nous avons la contraction:

> **Je parle de mon frère et *du vôtre*.**
> **Je les donne à mon ami et *au vôtre*.**
> **Dites-le à vos amis et je le dirai *aux miens*.**

> REMARQUE
>
> Remarquez l'emploi de l'**adjectif** possessif dans les constructions suivantes:
>
> > **Un de *mes* élèves.** *A pupil of mine.*
> > **Un de *ses* amis.** *A friend of his (hers).*
> > **Un Américain de *vos* amis.** *An American, a friend of yours.*

Exercice I

Remplacez le tiret par le pronom possessif convenable:

1. Avez-vous apporté vos patins?
2. Oui, j'ai apporté – mais Marie a oublié d'apporter –.

3. Votre chapeau est ici, avez-vous vu – ?
4. Oui, – est sur la table dans le vestibule.
5. Vos souliers sont de meilleure qualité que –.
6. Où est-ce que vous avez acheté – ?
7. C'est là que Marie a aussi acheté –.
8. J'ai parlé à mes amis des occasions que l'on trouve dans ce magasin; parlez-en aussi à –.
9. J'ai oublié mon dictionnaire; si vous n'avez pas besoin de –, prêtez-le moi.

Exercice II

Expliquez l'accord des pronoms possessifs:

Si vous voyagez en France, vous y trouverez beaucoup de jolies villes.   Elles sont plus intéressantes que les nôtres parce qu'elles sont plus anciennes.   Les Français aiment leurs villes et ils les trouvent plus belles que les nôtres.   Il y a une cathédrale dans beaucoup de villes.   Paris a la sienne dont vous avez entendu parler.   Elle s'appelle Notre-Dame. Dans ces cathédrales se trouvent de beaux vitraux et de jolis tableaux.   Dans les nôtres on en trouve aussi, mais les couleurs des leurs sont plus belles que les nôtres.   Les Français aiment leur pays et nous aimons le nôtre.

Exercice III

A qui est ce livre?   *Whose book is that?*
Ce livre est à moi.
Ce livre est le mien.   } *That book is mine.*
Il est à moi.
C'est le mien.   } *It is mine.*

Traduisez en français:

1. When you travel in France, do you find many beautiful cities there?

2. Are they very interesting?
3. Are they more interesting than ours?
4. A friend of mine says that he finds them more interesting than ours because they are much older than ours.
5. The French like theirs better than ours.
6. They love their country but we love ours.
7. Each man loves his [own].
8. There are some beautiful cathedrals in the French cities.
9. I prefer them to ours.
10. The windows of theirs are very beautiful; those of ours are not so beautiful.
11. I have a picture of the one in (of) Paris.
12. It is called *Notre Dame.*
13. There is a picture of the one at (of) Rome.
14. Whose picture is it?
15. It is yours, isn't it? (two ways).
16. Yes, it is mine (two ways).
17. It is the one I bought when I was there.
18. It is better than yours.
19. Yours is larger but mine has better colors.

Questionnaire

1. Qu'expriment les pronoms possessifs?
2. Nommez les pronoms possessifs.
3. Avec quoi s'accordent-ils en genre et en nombre?
4. Quelle est la différence entre **le mien** et **la mienne?**
5. Que signifie **les siens?**
6. Quelle contraction y a-t-il quand la préposition **de** ou **à** précède le pronom possessif?
7. Comment exprime-t-on l'idée de simple possession? Ex.

Chapitre 18

Les Pronoms Relatifs

Les pronoms relatifs servent à lier une proposition subordonnée à un nom ou à un pronom qui précède et que l'on nomme antécédent.
Le pronom relatif s'accorde avec son antécédent en genre, en nombre, et en personne:

> **C'est vous qui avez le livre.**
> **C'est moi qui suis malade.**

Les pronoms relatifs s'emploient comme sujet ou comme régime du verbe, ou après une préposition.   Ce sont:

$$
\left.\begin{array}{l}
\textbf{qui } (who, which) \\
\textbf{ce qui } (what) \\
\textbf{tout ce qui } (all\ that)
\end{array}\right\} \text{comme sujet.}
$$

$$
\left.\begin{array}{l}
\textbf{que } (whom, which) \\
\textbf{ce que } (what) \\
\textbf{tout ce que } (all\ that)
\end{array}\right\} \text{comme régime direct.}
$$

$$
\left.\begin{array}{ll}
\textbf{lequel, laquelle, } \text{etc. } (whom, which) \\
\textbf{quoi} \qquad\quad (what) \\
\textbf{qui} \qquad\qquad (whom)
\end{array}\right\} \text{après une préposition.}
$$

dont (whose, of which, of whom) pour remplacer **de** et le pronom relatif.
où (in which, at which, where) est l'équivalent de **à** ou **dans** et le pronom relatif.

I. Qui (who, which) est employé comme sujet du verbe et **que** (whom, which) comme régime direct:

> **L'homme *qui* est ici est mon père.**
> **Le livre *que* vous avez est celui de mon frère.**

Page soixante-treize (73)

1. Après une préposition, il faut employer **lequel, laquelle,** etc. Quand l'antécédent est une personne, on peut employer **qui** ou **lequel, laquelle,** etc.:

> **Le garçon avec** *qui* **(avec** *lequel***) je suis allé patiner.**
> **Le stylo avec** *lequel* **j'écris.**
> **La dame pour** *qui* **(pour** *laquelle***) j'ai fait cette commission.**

2. Il faut exprimer le pronom relatif **que** en français même s'il n'est pas nécessaire en anglais:

> **Le livre** *que* **vous avez est le mien.** *The book you have is mine.*

3. **Qui, que,** et **dont** sont précédés de **ce** pour signifier *that which,* ou *what* dans le sens de *that which.*
   Ce qui s'emploie comme sujet et **ce que** comme régime du verbe; **ce dont** renferme la préposition **de:**

> *Ce qui* **est bon est cher.**
> *Ce que* **vous avez est bon.**
> **J'ai** *ce dont* **vous avez besoin.** *I have what you need.*

4. **Ce qui, ce que, ce dont** sont précédés de **tout** pour signifier *all that which:*

> *Tout ce qui* **brille n'est pas or.**
> *Tout ce que* **vous dites est vrai.**

II. Lequel, lesquels, laquelle, lesquelles (*who, which, whom*) s'emploient souvent au lieu de **qui** ou **que** pour distinguer plus exactement:

> **Les frères de mes voisines,** *lesquels* **étaient là.**
> **La sœur de mon ami,** *laquelle* **est chez moi.**

Quand ces pronoms sont précédés de la préposition **de** ou **à,** il y a contraction:

> **L'édifice à l'entrée** *duquel* **vous êtes est le Louvre.**
> **Le garçon** *auquel* **vous avez donné le livre est mon frère.**
> **Les jeunes filles** *auxquelles* **je pense sont mes amies.**

III. Quoi s'emploie après une préposition, quand il n'y a pas d'antécédent. On l'emploie aussi dans une phrase elliptique (sans verbe) ou dans une exclamation:

> **A quoi pensez-vous?**　　**Quoi! elle est partie!**
> **Voilà de quoi il s'agit.**　**Quoi?**
> **Il n'a pas de quoi payer.**

IV. Dont renferme la préposition **de** et se traduit par *whose, of whom, of which*:

$$\text{L'homme} \begin{cases} \textbf{duquel} \\ \textbf{dont} \\ \textbf{de qui} \end{cases} \textbf{je parlais.}$$

REMARQUE

Il faut employer **duquel, de laquelle,** etc., et non pas **dont,** quand la phrase relative commence par une préposition:

$$\text{L'homme } \textit{dans} \text{ la maison} \begin{cases} \textbf{de qui} \\ \textbf{duquel} \end{cases} \textbf{j'étais.}$$

V. Où (*in which, where*) équivaut à la préposition **dans** ou **à** et le **pronom relatif,** quand il s'agit d'une place:

> **L'église où (à laquelle) j'allais bien souvent.**

Remarquez la différence entre la construction française et la construction anglaise avec *whose, of which:*

> **L'homme dont nous voyons *la maison.***　*The man whose house we see.*
> **L'église dont nous voyons *la façade.***　*The church the façade of which we see.*

Exercice I

Faites des phrases, en vous servant des pronoms relatifs suivants:

Qui, laquelle, où, que, dont, auquel, quoi, duquel, à laquelle, desquels, lesquels, auxquelles et desquelles.

Exercice II

Remplacez le tiret par le pronom relatif convenable:

1. L'homme — est dans le jardin est mon père.
2. Le jardin — vous voyez est celui de mon père.
3. Quel jardin? Celui — vous voyez le mur.
4. Tout — nous voyons est joli.
5. Aimiez-vous les fleurs — nous avions devant la maison — nous demeurions l'été dernier?
6. J'aime mieux les fleurs — sont dans ce jardin.
7. Le français est la langue — on a besoin pour voyager en Belgique et en Suisse.
8. Est-ce qu'il demande — il a besoin?
9. Il a besoin de — nous avons.
10. A — pense-t-il? Il pense à — il va faire ce soir.

Exercice III

Expliquez l'emploi des pronoms relatifs:

La France est un beau pays où il y a beaucoup de belles villes. Paris, dont je vous ai parlé, est une grande ville où j'ai demeuré quatre ans. C'est la ville que j'aime le mieux. A Paris se trouvent de belles places parmi lesquelles il faut citer la Place de la Concorde. L'église, dont on peut voir la façade de la Place de la Concorde, est la Madeleine. Cet édifice, que vous voyez de l'autre côté de la Seine, est le palais de la Chambre des Députés. On y fait les lois du pays. Ces huit statues, qui sont autour de la place, représentent les villes les plus importantes de la France. Celle-là, sur laquelle se trouve cette couronne, est celle de Strasbourg. Voilà là-bas les Champs-Elysées, une belle avenue, qui mène au Bois de Boulogne. De l'autre côté, il y a les Jardins des Tuileries et le Louvre dans lequel il y a tant de beaux tableaux.

Exercice IV

Traduisez en français:

1. Do you know a country where there are many beautiful cities?
2. Yes, I know the one of which everyone is speaking.
3. It is France.
4. There are many delightful cities in France but Paris is the one you will like the best.
5. It is a city in which there are broad avenues and interesting streets.
6. You will also find beautiful squares, among which is *la Place de la Concorde.*
7. Around this square are eight statues which represent the most important cities of France, among which is Strasbourg.
8. That city is represented by the one on which you see a wreath.
9. The buildings that you see from the square are the church of *la Madeleine* and *la Chambre des Députés.*
10. The avenue in which you see so many people is the one of *les Champs-Elysées.*
11. On the other side are the gardens of which I have often spoken to you.
12. They are called *les Jardins des Tuileries.*
13. The large building that you see from here is one in which there are a great many pictures.
14. It is called the *Louvre.*

Questionnaire

1. Quels sont les pronoms relatifs?
2. Avec quoi s'accordent-ils?   Ex.
3. Comment s'emploient-ils?   Ex.

4. Que signifie le pronom **dont?**
5. A quoi équivaut le pronom **où?**
6. Quel pronom relatif emploie-t-on après une préposition?
7. Quand n'est-il pas possible d'employer **dont?**
8. Quand emploie-t-on **quoi?**
9. Comment exprime-t-on *what* dans le sens de *that which?* Ex.

Chapitre 19

Les Pronoms Interrogatifs

Les **pronoms interrogatifs** servent à interroger.

qui?

qui est-ce qui?

$\left\{\begin{array}{l}(who?)\\(who?)\end{array}\right\}$ le sujet, en parlant des personnes.

qui?

qui est-ce que?

$\left\{\begin{array}{l}(whom?)\text{ le régime direct du}\\ \quad\text{verbe, en parlant}\\ \quad\text{des personnes.}\end{array}\right.$

qui?

$\left\{\begin{array}{l}(whom?)\text{ après une préposi-}\\ \quad\text{tion, en parlant}\\ \quad\text{des personnes.}\end{array}\right.$

qu'est-ce qui?

$\left\{\begin{array}{l}(what?)\quad\text{le sujet, en parlant}\\ \quad\text{des choses.}\end{array}\right.$

que?

qu'est-ce que?

$\left\{\begin{array}{l}(what?)\quad\text{le régime direct du}\\ \quad\text{verbe, en parlant}\\ \quad\text{des choses.}\end{array}\right.$

quoi?

$\left\{\begin{array}{l}(what?)\quad\text{après une préposi-}\\ \quad\text{tion, en parlant}\\ \quad\text{des choses.}\end{array}\right.$

lequel? laquelle? etc.

$\left\{\begin{array}{l}\text{signifie, en anglais, }which\\ \quad one?\end{array}\right.$

qu'est-ce que c'est que . . . ?

$\left\{\begin{array}{l}\text{signifie, en anglais, }what\\ \quad is \ldots ?\end{array}\right.$

I. On emploie **qui?** comme sujet ou régime du verbe ou après une préposition, quand on parle d'une personne.

Le verbe reste toujours au singulier avec **qui** interrogatif comme sujet:

> **Qui est là?**
> **Qui est-ce qui est là?**
> **Qui était à l'école?**
> **Qui est-ce que vous avez vu?**   **Qui avez-vous vu?**
> **A qui est cette maison?**
> **De qui parlez-vous?**

II. Qu'est-ce qui? s'emploie comme sujet, en parlant des choses:

> **Qu'est-ce qui est sur la table?**
> **Qu'est-ce qui est arrivé?**   *What has happened?*
> **Qu'est-ce qui vous amuse tant?**

III. On emploie **que?** ou **qu'est-ce que?** (*what*) comme régime direct du verbe, quand on parle des choses:

> **Qu'a-t-il dit?**
> **Qu'avez-vous?**   *What have you?*   *What is the matter?*
> **Qu'est-ce que vous avez?**

IV. Quoi? s'emploie après une préposition ou seul, quand on parle des choses:

> **De quoi parle-t-il?**
> **J'ai quelque chose pour vous.**   **Quoi?**

V. Lequel? laquelle? etc., s'emploient comme sujet ou comme régime du verbe ou après une préposition, en parlant des personnes et des choses.

> **Lequel de ces enfants est le plus âgé?**
> **Laquelle de ces églises est la plus ancienne?**
> **A laquelle allez-vous?**
> **Auxquels de vos amis voulez-vous que j'écrive?**

REMARQUES

1. Il ne faut pas confondre **quel,** etc., adjectif avec **lequel,** etc., pronom. **Quel** s'emploie toujours avec un nom ou un pronom; **lequel** ne s'emploie jamais avec un nom:

     A *quel* théâtre allez-vous ce soir?
     Auquel de ces théâtres préférez-vous aller?

2. **Que,** dans une question, s'emploie quelquefois dans le sens de **pourquoi.**
   Que, dans une exclamation, s'emploie dans le sens de **comme:**

     Que ne m'avez-vous dit cela?
     Que c'est beau!

3. **A qui,** employé avec le verbe **être,** indique possession et correspond à l'anglais *whose:*

     A qui est cette casquette?

4. *What is* formant une question, dont la réponse est supposée être une définition, s'exprime par, **qu'est-ce que c'est que.** . . . .

     Qu'est-ce que c'est que le Louvre?
     C'est un grand musée.

Si la question est indirecte, *what is* s'exprime par **ce que c'est que:**

     Dites-moi ce que c'est que le Louvre.

Exercice I

Remplacez le tiret par le pronom interrogatif convenable:

1. — était là?
2. — est dans la boîte?
3. — avez-vous trouvé?
4. — de ces stylos préférez-vous?

5. − avez-vous vu?
6. A − est cet argent?
7. De − est-il question?
8. A − pensez-vous? (what, whom)
9. − a fait ce travail?
10. − de ces hommes a-t-il l'intention d'écrire?
11. A − écrivez-vous?
12. (What) − est arrivé?
13. Avec − êtes-vous allé au théâtre hier soir?
14. − de ces théâtres aimez-vous le mieux?
15. − faites-vous maintenant?

Exercice II

Traduisez en français:

1. There are a great many churches in Paris, the majority of which are very large.
2. Which is the most beautiful?
3. I prefer the cathedral.
4. To which one do you go Sundays?
5. I go to the one that is near my hotel.
6. Who is the minister?
7. It's an American by the name of Stone.
8. Are there many stores in Paris?
9. Which one do you like best?
10. In which of the stores do you buy your gowns?
11. Where do you find pretty hats?
12. Which of your hats did you buy at the *Bon Marché?*
13. Which of your gowns?
14. Who generally buys gowns there?
15. Do you like that store?
16. Yes, it's a very good store and I find many pretty things there.
17. What have you bought today?
18. Whom did you see?

19. What is in your box?
20. Of which of the boxes are you speaking?

Questionnaire

1. Nommez les pronoms interrogatifs.
2. A quoi servent-ils?
3. Comment emploie-t-on **qui? que?** Ex.
4. Expliquez l'emploi de **quoi?** Ex.
5. Quand emploie-t-on **lequel?** Ex.
6. Quelle est la différence entre **quel** et **lequel?**
7. Comment traduisez-vous *what* comme sujet? *what* comme régime? Ex.
8. Comment traduisez-vous *which one?*
9. Comment traduisez-vous *what is?*

Chapitre 20

Pronoms et Adjectifs Indéfinis

Les **pronoms indéfinis** représentent les personnes et les choses d'une manière vague et générale:

> *On* **me l'a dit.**

I. Voici quelques pronoms indéfinis invariables: **on, (l'on), personne, quiconque, rien, quelque chose.**

1. **On** s'emploie souvent, dans le langage courant, au lieu d'un pronom personnel de la première ou de la deuxième personnes du pluriel:

> **A quelle heure dîne-t-*on* ici?** *Do you dine?*
> **Par où commence-t-*on*?** *Do we begin?*
> **Ah! maintenant *on* commence à comprendre.**
> *We begin.*

2. **On** remplace souvent la forme passive, en anglais, si l'agent n'est pas mentionné ou si l'agent est vague, pourvu qu'une action soit vraiment accomplie:

> *On* **étudie les leçons dans cette grande salle.**
> *On* **parle français dans ce magasin.**

3. **L'on** s'emploie généralement au lieu de **on** après **si** et **où,** excepté devant la lettre 1:

> **Si *l'on* a des amis, on est content.**
> **Si *on* lit, on n'écoute pas.**

4. **L'on** s'emploie généralement après **que,** si le verbe suivant commence par le son **k:**

> **Il faut que l'on cueille des fraises.**

5. **Aucun, rien, personne, nul** s'emploient toujours

au sens négatif avec **ne,** excepté dans une phrase elliptique (phrase sans verbe):

Je *n'ai rien* trouvé. Absolument rien.
***Nul* homme *n'est* venu. Non, personne.**
***Aucun* élève *n'a* pu répondre à cette question.**

REMARQUES

1. Dans une phrase qui contient une autre expression
négative, **aucun, rien, personne, nul** ont un sens
affirmatif:

Je n'ai jamais *rien* vu de plus beau. *Anything more*
beautiful.
Il n'a jamais *rien* donné à *personne*. *Anything to anyone.*

2. Quand ils sont employés seuls, ils ont une signification négative:

Qui a-t-il vu? *Personne.*
Qu'a-t-il trouvé? *Rien.*

3. **Rien** précède le participe passé:

Je n'ai *rien* trouvé.

4. **Quelque chose** et **rien** sont masculins singuliers.
Ils exigent **de** devant l'adjectif qui les modifie:

J'ai quelque chose *de bon*.
Je n'ai rien *de nouveau*.

II. Voici quelques pronoms et adjectifs indéfinis variables:

SINGULIER	PLURIEL
aucun (e)	aucuns, aucunes
chacun (e)	chacuns, chacunes
quelqu'un (e)	quelques-uns, quelques-unes
l'un, l'une	les uns, les unes

Je ne connais *aucune* histoire.
***Chacun* en parle, etc.**

Il faut remarquer la différence entre **quelque** adjectif et **quelqu'un, quelques-uns,** etc., pronom. **Quelque** s'emploie toujours avec un nom, **quelqu'un** jamais avec un nom:

J'ai visité *quelques* **monuments.**
J'ai visité *quelques-uns* **des monuments de Paris.**

III. 1. Autre. Remarquez la différence entre **un autre livre** et **encore un livre:**

Donnez-moi *un autre* **livre.** *A different book.*
Donnez-moi *encore un* **livre.** *Another, one more book.*

2. Autre s'emploie aussi avec **nous** et **vous,** pour ajouter de la force à ces pronoms personnels:

Vous autres **Américains, vous voyagez beaucoup, mais** *nous autres* **Français, nous nous déplaçons rarement.**

3. Aucun signifie *no, no one, none:*

Aucun **de mes amis ne m'a dit cela.**
Je n'ai *aucun* **livre.**

4. Nul signifie aussi *no, no one, none.*
Nul est plus fort qu'**aucun:**

Nul **homme ne le dit.**
Nul **n'ose venir ici.**
(aucun et nul exigent ne devant le verbe)

5. Plusieurs est toujours invariable:

Plusieurs **de mes roses sont mortes.**
J'ai *plusieurs* **livres.**

6. Tel est variable et suit toujours l'article:

Un tel **le dit.**
Une telle **histoire m'étonne.**

Page quatre-vingt-six (86)

7. Tout, adjectif, signifie en anglais *all, every, any, whole,* mais **tout,** pronom, sans un nom, signifie *everything, all:*

> **Tout homme honnête refuserait de faire cela.**
> **Tout coûte si cher.**

Tout est aussi employé comme adverbe dans le sens de *quite, very;* il est alors invariable, excepté quand il précède un adjectif féminin qui commence par une consonne ou une **h** aspirée. Il est alors féminin singulier ou pluriel:

> **Ces hommes étaient *tout* pâles et *tout* agités.**
> **Ces femmes étaient *toutes* pâles et *tout* agitées.**

S'il y a un article, il se place entre **tout** (adjectif) et le nom:

> **Toute *la* maison.**

Remarquez les expressions idiomatiques suivantes:

tout le monde	*everybody*
tous les jours	*every day*
tous les cinq jours	*every five days*
tous deux (ou) tous les deux	*both*
tout à l'heure	*presently*
tout doux	*gently*
tout de bon (ou) pour tout de bon	*seriously*

Exercice I

Remplacez le tiret par le pronom indéfini convenable:

1. Voici – de joli. (something)
2. – ne l'a vu. (nobody)
3. – le dit. (people)
4. Je n'ai jamais – vu de plus beau.
5. – de mes amies ne le dit. (none)
6. Quand – est riche, – n'est pas toujours content.

7. — des élèves ne sont pas à l'école. (some)
8. J'ai perdu — de mes livres. (some)
9. Je désire que — commence maintenant. (we should)
10. — parle français à Paris.
11. Je n'ai jamais — dit à — .(anything to anybody)

Exercice II

Traduisez en français:

1. There are all sorts of people in a large city.
2. Each one can find amusement.
3. There is always something amusing at the theaters.
4. There is generally something good too.
5. Nobody is bored.
6. We go to the theater every week.
7. Last week they played *Le Bourgeois Gentilhomme.*
8. Such a play is very amusing.
9. They say that all Molière's comedies are interesting.
10. I have seen a few of them.
11. You can go to the concerts in the public gardens for nothing.
12. Some of the concerts are very good.
13. People like them.
14. There is always something new.
15. I have heard several of them.
16. I am going to hear another tonight.
17. Who is going with you?
18. Nobody.
19. A few of my friends will be there.
20. Nobody will stay at home.
21. There is nothing interesting at the theater.
22. Everyone goes to the concerts in the gardens in the summer.

Révision

Parabole des Deux Pères de Famille

(*Expliquez les mots en italique*)

Deux hommes étaient voisins et *chacun d'eux* avait une femme et *plusieurs* petits enfants et *son* seul travail pour *les* faire vivre.

Et l'un de *ces deux* hommes s'inquiétait en *lui-même*, disant: "Si *je* meurs ou que je tombe malade, *que* deviendront *ma* femme et *mes* enfants?"

Et *cette* pensée ne *le* quittait point et *elle* rongeait *son* cœur, comme un ver ronge le fruit ou *il* est caché.

Or, bien que la même pensée fût venue également à l'autre père, il ne *s'y* était point arrêté; "car," disait-il, "Dieu, *qui* connait *toutes ses* créatures et *qui* veille sur *elles*, veillera aussi sur *moi* et sur ma femme et sur mes enfants."

Et *celui-ci* vivait tranquille, tandis que le premier ne goûtait pas un instant de repos ni de joie intérieurement.

Un jour qu'*il* travaillait aux champs, triste et abattu à cause de *sa* crainte, il vit quelques oiseaux entrer dans un buisson, *en* sortir et puis bientôt *y* revenir encore.

Et, s'étant approché, il vit deux nids posés côte à côte et, dans *chacun*, *plusieurs* petits nouvellement éclos et encore sans plumes.

Et, quand *il* fut retourné à *son* travail, de temps en temps il levait les yeux et regardait *ces* oiseaux *qui* allaient et venaient, portant la nourriture à *leurs* petits.

Or, voilà qu'au moment où l'une des mères rentrait avec sa becquée, un vautour *la* saisit, l'enleva et la pauvre mère, se débattant vainement sous *sa* serre, jetait des cris perçants.

A *cette* vue, l'homme *qui* travaillait sentit *son* âme plus troublée qu'auparavant; "car," pensait-il, "la mort de la mère, c'est la mort des enfants. *Les miens* aussi n'ont que *moi*. *Que* deviendront-ils si je *leur* manque?"

Et, *tout* le jour, il fut sombre et triste et, la nuit, il ne dormit point.

Le lendemain, de retour aux champs, il *se* dit: "Je veux

voir les petits de *cette* pauvre mère; *plusieurs*, sans doute, ont déjà péri". Et *il* s'achemina vers le buisson.

Et, regardant, il vit les petits bien portants; pas un ne semblait avoir souffert.

Et, ceci *l'*ayant étonné, il *se* cacha pour observer *ce qui* se passerait.

Et, après un peu de temps, il entendit un léger cri et *il* aperçut la seconde mère rapportant en hâte la nourriture qu'*elle* avait recueillie, et *elle la* distribua à *tous* les petits indistinctement, et il y *en* eut pour *tous*, et les orphelins ne furent point délaissés dans leur misère.

Chapitre 21

Du Verbe

Le verbe est un mot qui exprime l'action, l'état, ou l'existence:

Je chante, je reste, je suis.

Le verbe se compose de deux parties: **la racine** et la **terminaison:**

Chois/ir.

La racine est la première partie du verbe, la partie qui reste invariable dans les verbes réguliers.

La terminaison est la deuxième partie du verbe, la partie qui varie pour indiquer la personne, le nombre, le temps, et le mode:

Chant/er.

Chant est la racine et **er** est la terminaison.

De l'Accord du Verbe

1. Le verbe s'accorde avec le sujet en nombre et en personne:

   Il chante, nous chantons.

2. Il s'accorde avec l'antécédent du pronom relatif qui est employé comme sujet:

   C'est moi qui *vais* à la maison.
   C'est nous qui *chantons*.
   Ce sont elles qui *chantent*.

Du Nombre

Le verbe peut être **singulier** ou **pluriel** selon que le sujet représente une ou plusieurs personnes ou choses:

Il parle, ils parlent.

De la Personne

Il y a trois personnes: la première personne est celle qui parle:

Je chante.

La deuxième personne est celle à qui l'on parle:

Vous chantez, tu chantes.

La troisième personne est celle de qui l'on parle:

Il chante, ils chantent.

Du Mode

Il y a cinq modes: **l'indicatif, le conditionnel, l'impératif, le subjonctif, l'infinitif.**

I. L'indicatif affirme la chose:

Je *parle* de mon ami.

II. Le conditionnel présente l'affirmation avec l'idée de condition:

Je *serais* content, s'il était là.

III. L'impératif exprime le commandement:

***Étudiez* vos leçons.**

IV. Le subjonctif présente l'affirmation d'une manière dépendante ou la possibilité de l'action:

Je désire que les enfants *aillent* à l'école.
Il se peut qu'il *pleuve* demain.

V. L'infinitif présente l'affirmation d'une manière vague et impersonnelle:

Il n'est pas facile de *faire* cela.

Questionnaire

1. Qu'est-ce qu'un verbe?
2. Quelles sont les deux parties du verbe?
3. Qu'est-ce que c'est que la racine?   Ex.
4. Qu'est-ce que c'est que la terminaison?   Ex.
5. Avec quoi s'accorde le verbe?
6. Expliquez les trois personnes du verbe.
7. Combien de modes y-a-t-il?
8. Nommez-les.

Chapitre 22

Du Temps

Le temps exprime le moment de l'état ou de l'action du verbe:

> **Je le *fais* maintenant.**
> **Il le *faisait* hier.**
> **Nous le *ferons* demain.**

Les temps du verbe se divisent en temps simples et en temps composés.

On appelle temps simples les temps conjugués sans auxiliares:

> **Je chante.**

On appelle temps composés ceux qui sont conjugués avec l'auxiliaire **avoir** ou **être**:

> **J'ai chanté.**
> **Il est sorti.**

Il y a quatre temps simples: **le présent, l'imparfait, le passé défini** et **le futur.**

I. Le présent exprime une action faite au moment où l'on parle:

> **Je vous donne le livre.**

II. L'imparfait exprime une action continuée ou répétée dans le passé:

> **Je chantais hier, quand il est venu.**
> **J'allais à l'école tous les jours.**

III. Le passé défini exprime une action faite dans le passé. Il s'emploie surtout dans la narration écrite:

> **Le roi entra dans la ville, parla à ses soldats et partit.**

IV. Le **futur** exprime une action à venir:

Il jouera du violon demain.

Il y a aussi sept **temps composés.** Ce sont: **le passé indéfini, le plus-que-parfait, le passé antérieur, le futur antérieur, le conditionnel antérieur, le subjonctif parfait,** et **le subjonctif plus-que-parfait.**

1. Le **passé indéfini** est une combinaison du présent de l'indicatif de l'auxiliaire et du participe passé du verbe:

   J'ai fini—Je suis allé.

2. Le **plus-que-parfait** est une combinaison de l'imparfait de l'indicatif de l'auxiliaire et du participe passé du verbe:

   J'avais fini—J'étais allé.

3. Le **passé antérieur** est une combinaison du passé défini de l'auxiliaire et du participe passé:

   Après que j'eus fini—Après que je fus parti.

4. Le **futur antérieur** est une combinaison du futur de l'auxiliaire et du participe passé:

   J'aurai donné—Je serai parti.

5. Le **conditionnel antérieur** est une combinaison du conditionnel de l'auxiliaire et du participe passé du verbe:

   J'aurais donné—Je serais parti.

6. Le **subjonctif parfait** est une combinaison du présent du subjonctif de l'auxiliaire et du participe passé du verbe:

   Bien que j'aie donné—Bien que je sois parti.

7. Le **subjonctif plus-que-parfait** est une combinaison de l'imparfait du subjonctif de l'auxiliaire et du participe passé du verbe:

   Bien que j'eusse donné—Bien que je fusse parti.

Page quatre-vingt-quinze (95)

Chaque mode a un ou plusieurs de ces huit temps du verbe. L'indicatif les a tous; le conditionnel a le présent et l'antérieur; le subjonctif a le présent, l'imparfait, le parfait et le plus-que-parfait, mais l'impératif n'a que le présent.

Questionnaire

1. Comment se divisent les temps du verbe?
2. Qu'est-ce qu'un temps simple?
3. Combien y en a-t-il?
4. Nommez-les.
5. Qu'est-ce que c'est que le plus-que-parfait; le passé antérieur; le futur antérieur?

Chapitre 23

De la Formation des Temps

Pour faciliter la conjugaison, on divise les temps du verbe en **temps primitifs** et en **temps dérivés**.

Les **temps primitifs** sont ceux que l'on peut employer pour former les autres temps. Les temps qui servent généralement à former les autres temps sont: le présent de l'infinitif, le participe présent, le participe passé, le présent de l'indicatif et le passé défini.

Les temps dits dérivés sont ceux qui sont formés par les temps primitifs.

I. De l'infinitif présent on forme deux temps, **le futur** et **le présent du conditionnel.**

1. **Le futur** se forme en ajoutant les terminaisons **ai, as, a, ons, ez, ont,** à l'infinitif présent du verbe. A la 3ème conjugaison, il faut supprimer **oi** devant **r** final et, à la 4ème, il faut supprimer **e** final:

Donner	*Finir*	*Recevoir*	*Vendre*
je donner **ai**	je finir **ai**	je recevr **ai**	je vendr **ai**
tu donner **as**	tu finir **as**	tu recevr **as**	tu vendr **as**
il donner **a**	il finir **a**	il recevr **a**	il vendr **a**
nous donner **ons**	nous finir **ons**	nous recevr **ons**	nous vendr **ons**
vous donner **ez**	vous finir **ez**	vous recevr **ez**	vous vendr **ez**
ils donner **ont**	ils finir **ont**	ils recevr **ont**	ils vendr **ont**

REMARQUES

1. Le futur est quelquefois irrégulier à la racine, mais jamais à la terminaison:

J'aurai, je serai, j'irai.

2. Les terminaisons du futur sont vraiment le présent de l'indicatif du verbe **avoir: ai, as, a, (av) ons, (av) ez, ont.** La raison, c'est que le futur provient de la combinaison: **J'ai à parler, je parler ai,** *I have to speak.*

Exercice I

Conjuguez les verbes suivants au futur. (Faites des phrases.)

parler	apercevoir	choisir	perdre
remplir	marcher	devoir	rompre

(Pour l'emploi du futur, voir page 136).

Exercice II

Traduisez en français:

1. I shall wait for you.
2. Will you stay at school?
3. I shall finish my lessons and then I shall leave the school.
4. I shall be at home at four o'clock.
5. We shall receive our friends at quarter past four.
6. Will your friends receive us today?
7. Will they sing this evening?
8. No, they will not sing; they will dance.
9. Will you dine early?
10. Yes, I shall dine at half past six.

2. **Le présent du conditionnel** se forme en ajoutant les terminaisons de l'imparfait de l'indicatif, **ais, ais, ait, ions, iez, aient,** à l'infinitif présent du verbe. Dans les verbes en **oir,** il faut supprimer **oi** devant **r** final et dans les verbes en **re** il faut supprimer **e** final:

Donner	Finir	Recevoir	Vendre
je donner **ais**	je finir **ais**	je recevr **ais**	je vendr **ais**
tu donner **ais**	tu finir **ais**	tu recevr **ais**	tu vendr **ais**
il donner **ait**	il finir **ait**	il recevr **ait**	il vendr **ait**
nous donner **ions**	nous finir **ions**	nous recevr **ions**	nous vendr **ions**
vous donner **iez**	vous finir **iez**	vous recevr **iez**	vous vendr **iez**
ils donner **aient**	ils finir **aient**	ils recevr **aient**	ils vendr **aient**

Remarque

Le présent du conditionnel a **toujours** la même racine que le futur.

Exercice

Conjuguez les verbes suivants au présent du conditionnel. (Faites des phrases.)

porter   concevoir   chanter   attendre
finir   rendre   partir   devoir

(Pour l'emploi du conditionnel, voir page 137.)

II. Du participe présent on forme **l'imparfait de l'indicatif** et le **présent du subjonctif.**

1. On forme **l'imparfait de l'indicatif** en ôtant **ant** du participe présent et en ajoutant les terminaisons de l'imparfait: **ais, ais, ait, ions, iez, aient:**

Donner	Finir	Recevoir	Vendre
donn (ant)	finiss (ant)	recev (ant)	vend (ant)
je donn **ais**	je finiss **ais**	je recev **ais**	je vend **ais**
tu donn **ais**	tu finiss **ais**	tu recev **ais**	tu vend **ais**
il donn **ait**	il finiss **ait**	il recev **ait**	il vend **ait**
nous donn **ions**	nous finiss **ions**	nous recev **ions**	nous vend **ions**
vous donn **iez**	vous finiss **iez**	vous recev **iez**	vous vend **iez**
ils donn **aient**	ils finiss **aient**	ils recev **aient**	ils vend **aient**

REMARQUE

Excepté dans les trois verbes **être, avoir, savoir,** la racine de l'imparfait et du participe présent est toujours la même que la racine de la 1ère personne du pluriel du présent de l'indicatif.

On peut donc aussi former l'imparfait de l'indicatif ou le participe présent en prenant la 1ère personne du pluriel du présent de l'indicatif du verbe, en omettant **ons** et en ajoutant alors **ant** pour le participe présent et **ais, ais,** etc., pour l'imparfait:

nous finiss (ons)	nous apercev (ons)	nous fais (ons)
finiss **ant**	apercev **ant**	fais **ant**
je finiss **ais**	j'apercev **ais**	je fais **ais**
etc.	etc.	etc.

Exercice

Conjuguez les verbes suivants à l'imparfait de l'indicatif:

étudier	apercevoir	marcher	remplir
rendre	finir	vendre	recevoir

(Pour l'emploi de l'imparfait, voir page 133.)

2. On forme **le présent du subjonctif** en ôtant **ant** du participe présent et en ajoutant les terminaisons du présent du subjonctif, **e, es, e, ions, iez, ent.** Les verbes en **evoir** changent **ev** en **oiv** devant les terminaisons muettes **e, es, e, ent:**

Donner	*Finir*
donn (ant)	finiss (ant)
que je donn **e**	que je finiss **e**
que tu donn **es**	que tu finiss **es**
qu'il donn **e**	qu'il finiss **e**
que nous donn **ions**	que nous finiss **ions**
que vous donn **iez**	que vous finiss **iez**
qu'ils donn **ent**	qu'ils finiss **ent**

Recevoir	*Vendre*
recev (ant)	vend (ant)
que je reçoiv **e**	que je vend **e**
que tu reçoiv **es**	que tu vend **es**
qu'il reçoiv **e**	qu'il vend **e**
que nous recev **ions**	que nous vend **ions**
que vous recev **iez**	que vous vend **iez**
qu'ils reçoiv **ent**	qu'ils vend **ent**

REMARQUES

1. On peut aussi former le présent du subjonctif de la 1ère personne du pluriel du présent de l'indicatif, en ôtant **ons** et en ajoutant les terminaisons **e, es, e, ions, iez, ent.** Les verbes en **evoir** changent **ev** en **oiv** devant les terminaisons muettes **e, es, e, ent.**

2. Excepté dans les verbes **avoir** et **être,** un présent du subjonctif est toujours régulier à la terminaison. Certains verbes irréguliers ont la racine du présent du subjonctif irrégulière.

3. Excepté dans les verbes **savoir, pouvoir,** et **faire,** qui ont une racine irrégulière unique, tous les présents du subjonctif irréguliers ont deux racines, une racine irrégulière devant les terminaisons muettes **e, es, e, ent** et une racine régulière devant les terminaisons prononcées **ions, iez:**

Aller	*Venir*
que j' aille	que je vienne
que tu ailles	que tu viennes
qu'il aille	qu'il vienne
que nous *all*ions	que nous *ven*ions
que vous *all*iez	que vous *ven*iez
qu'ils aillent	qu'ils viennent

(Pour l'emploi du subjonctif, voir pages 167-178.)

Exercice

Mettez les phrases suivantes à l'imparfait et au futur de l'indicatif et au présent du conditionnel:

1. Mon frère a une maison ici, mais moi, je demeure à la campagne.
2. Il y a beaucoup d'oiseaux près de ma maison.
3. Quand ils m'aperçoivent, ils ont peur.
4. Je leur donne souvent du pain.
5. J'ai un jardin où il y a de jolies fleurs.
6. Mes chiens sont presque toujours dans le jardin, mais ils ne touchent pas aux fleurs.
7. Ils m'obéissent, mais ils n'obéissent pas à mon frère.
8. Il y a aussi des légumes dans mon jardin.
9. Je les vends à mes voisins.
10. Je suis très contente à Noël, car je reçois beaucoup de cadeaux.

III. Du présent de l'indicatif on forme **l'impératif** en prenant la 2ème personne du singulier et les 1ère et 2ème personnes du pluriel. On supprime les pronoms personnels sujets. A la 1ère conjugaison, on supprime **s** final de la 2ème personne du singulier, excepté devant **y** ou **en**:

PRÉSENT DE L'INDICATIF | IMPÉRATIF

Donner

tu donnes	donne (s)
nous donnons	donnons
vous donnez	donnez

Finir

tu finis	finis
nous finissons	finissons
vous finissez	finissez

Recevoir

tu reçois	reçois
nous recevons	recevons
vous recevez	recevez

Vendre

tu vends	vends
nous vendons	vendons
vous vendez	vendez

Exercice

Mettez les verbes des phrases suivantes à la première et à la deuxième personnes du pluriel de l'impératif:

1. Sois indépendant.
2. Aie de la patience.
3. Reçois les amis.
4. Garde ton argent.
5. Finis tes devoirs.
6. Viens avec moi.
7. Va à l'école de bonne heure.
8. Pars à l'heure.
9. Obéis à tes parents.

IV. Le passé défini forme **l'imparfait du subjonctif.**
On forme **l'imparfait du subjonctif** de la première ou de la deuxième personne du singulier du passé défini en changeant la dernière lettre en **sse, sses, êt, ssions, ssiez, ssent:**

je donnai	*je finis*	*je reçus*	*je rompis*
que je donnasse	finisse	reçusse	rompisse
que tu donnasses	finisses	reçusses	rompisses
qu'il donnât, etc.	finît, etc.	reçût, etc.	rompît, etc.

Questionnaire

1. Qu'est-ce qu'un temps primitif?
2. Combien y en a-t-il?
3. Nommez-les.
4. Quels temps forme-t-on de l'infinitif présent?
5. Comment forme-t-on le futur? Ex.
6. Comment forme-t-on le prés. du conditionnel? Ex.
7. Quels sont les temps formés du participe présent?
8. Comment forme-t-on chacun de ces temps? Ex.
9. Quelle irrégularité trouve-t-on à la racine dans le présent du subjonctif?
10. Quelle partie d'un futur est quelquefois irrégulière?
11. Quels temps peut-on former de la 1ère personne du pluriel du prés. de l'ind.?
12. Comment forme-t-on chacun de ces temps?
13. Comment forme-t-on l'impératif?
14. Quel temps forme-t-on du passé défini?
15. Comment forme-t-on ce temps?

Chapitre 24

Remarques Générales

Position du Sujet

I. A la forme interrogative, le pronom sujet se place après le verbe ou après l'auxiliaire, dans un temps composé:

Parlons-nous?
Avez-vous parlé?

II. A la troisième personne du singulier, si le verbe se termine par une voyelle, on place **t** entre le verbe et le pronom sujet **il, elle** ou **on:**

Va-t-il?
Que donne-t-elle?
Parle-t-on français à Bruxelles?
Où alla-t-il?

III. Si le sujet est un nom, ou un pronom démonstratif, ou possessif, ou indéfini, la question se forme en laissant le sujet avant le verbe et en plaçant un pronom personnel du genre et du nombre convenables après le verbe ou l'auxiliaire:

Les élèves sont-*ils* arrivés?
Notre tante est-*elle* en ville?
Cela coûte-t-*il* cher?
Les vôtres sont-*ils* dans le vestibule?
Tout le monde est-*il* entré?

IV. Le nom sujet peut suivre le verbe, quand la question commence par certains mots interrogatifs, tels que: **combien, quel, où,** si le verbe n'a pas de régime direct:

Combien coûte *ce livre?*
(ou) Combien *ce livre* coûte-t-il?
Où est *votre frère?*

(ou) Où *votre frère* **est-il?**
A quelle heure part *votre père?*
Mais: **Où** *votre mère* **achète-t-elle ses provisions?**

REMARQUE

Avec **pourquoi** le nom sujet se place toujours avant le verbe:

Pourquoi *votre ami* **a-t-il vendu son automobile?**

V. On peut aussi former une question en employant **est-ce que** (*is it that*). Dans ce cas, la construction est la même que dans une simple affirmation ou négation:

Est-ce que votre tante est arrivée?
Est-ce que cela ne coûte pas cher?

REMARQUE

Remarquez la position de **est-ce que** dans une phrase qui commence par un mot interrogatif:

Où *est-ce que* **votre frère a acheté son costume?**
A quelle heure *est-ce que* **votre mère partira?**

VI. A la première personne du singulier, présent de l'indicatif (1ère conjugaison), la question formée en plaçant **je** après le verbe et un accent aigu sur **e** de la terminaison, ne s'emploie que dans le style littéraire ou oratoire. On emploie de préférence la forme **est-ce que** dans la langue courante:

Est-ce que je parle français?
Parlé-je de cela?
Qu'est-ce que je donne?

VII. La forme **est-ce que** s'emploie exclusivement avec tous les verbes qui ne se composent que d'une syllabe à la première personne du singulier, présent de l'indicatif:

Est-ce que je dors, moi?
Est-ce que je sers mon pays?
Mais: **Puis-je?(ou) est-ce que je puis?**

Forme Interrogative sans Idée d'Interrogation

On emploie la forme interrogative sans idée d'interrogation:

1. Dans les phrases qui interrompent un discours direct:

    J'arriverai à huit heures, dit-*il*.
    Partez tout de suite, commanda-t-*il*.

2. En général, après certains adverbes et certaines locutions adverbiales:

    A *peine* fut-*il* arrivé qu'il alla voir son ami.
    Peut-être viendra-t-*il* cet été.

Voici quelques adverbes après lesquels on emploie généralement la forme interrogative, quand ils commencent la phrase:

à peine	*hardly*
aussi	*therefore*
au moins	*at least*
peut-être	
encore	*besides*
en vain	
probablement	

Négation avec le Verbe

I. A la forme négative, on met **ne** devant le verbe ou l'auxiliaire (**n'** devant une voyelle ou une **h** muette) et **pas** après le verbe ou l'auxiliaire:

Il *n'a pas* vendu son automobile.
Il *ne* viendra *pas* ce soir.

N. B.—Pour une étude plus détaillée de la négation, voir Chapitre 37, page 199.

Inversion

L'inversion consiste à placer le nom sujet après le verbe. On emploie l'inversion:

I. Dans une phrase relative:

> **Les maisons que vend *mon père*.**
> **Dites-moi ce que vous a donné *votre ami*.**
> **(ou) Les maisons que *mon père* vend.**

II. Quand un adjectif qualificatif commence la phrase:

> **Grand fut *mon étonnement!***
> **Tel fut *le commencement* de cette guerre.**

III. Souvent, quand la phrase commence par un adverbe, tel que: **ainsi, ici, bientôt, là,** ou par un régime adverbial:

> **ize *Ainsi* finit le règne de ce roi.**
> **Ici repose ce général fameux.**
> **A *l'horizon*, montait une fumée légère.**

IV. Dans les phrases qui interrompent le discours direct:

> **Fais cela, dit *sa mère*.**
> **Viens ici, commanda *le père*.**

Chapitre 25

Verbes Auxiliaires

Il n'y a que deux verbes auxiliaires: **avoir** et **être.**
Ils servent à conjuguer tous les autres verbes.
Avoir et **être** ont aussi leur emploi indépendant comme verbe ordinaire:

> **J'ai une maison.**
> **Il est riche.**

L'Auxiliaire *Avoir*

Infinitif présent	*Infinitif passé*
avoir	avoir eu

Participe présent	*Participe passé*
ayant	eu, ayant eu

L'Indicatif

Présent	*Passé indéfini*
j'ai	j'ai eu
tu as	tu as eu
il ou elle a	il ou elle a eu
nous avons	nous avons eu
vous avez	vous avez eu
ils ou elles ont	ils ou elles ont eu

Imparfait	*Plus-que-parfait*
j'avais	j'avais eu
tu avais	tu avais eu
il ou elle avait	il ou elle avait eu
nous avions	nous avions eu
vous aviez	vous aviez eu
ils ou elles avaient	ils ou elles avaient eu

Passé défini	*Passé antérieur*
j'eus	j'eus eu
tu eus	tu eus eu
il ou elle eut	il ou elle eut eu
nous eûmes	nous eûmes eu
vous eûtes	vous eûtes eu
ils ou elles eurent	ils ou elles eurent eu

Futur	*Futur antérieur*
j'aurai	j'aurai eu
tu auras	tu auras eu
il ou elle aura	il ou elle aura eu
nous aurons	nous aurons eu
vous aurez	vous aurez eu
ils ou elles auront	ils ou elles auront eu

Le Conditionnel

Présent	*Antérieur*
j'aurais	j'aurais eu
tu aurais	tu aurais eu
il ou elle aurait	il ou elle aurait eu
nous aurions	nous aurions eu
vous auriez	vous auriez eu
ils ou elles auraient	ils ou elles auraient eu

Le Subjonctif

Présent	*Parfait*
que j'aie	que j'aie eu
que tu aies	que tu aies eu
qu'il ou qu'elle ait	qu'il ou qu'elle ait eu
que nous ayons	que nous ayons eu
que vous ayez	que vous ayez eu
qu'ils ou qu'elles aient	qu'ils ou qu'elles aient eu

Imparfait	Plus-que-parfait
que j'eusse	que j'eusse eu
que tu eusses	que tu eusses eu
qu'il ou qu'elle eût	qu'il ou qu'elle eût eu
que nous eussions	que nous eussions eu
que vous eussiez	que vous eussiez eu
qu'ils ou qu'elles eussent	qu'ils ou qu'elles eussent eu

L'Impératif

Présent

aie
ayons
ayez

L'Auxiliaire *Être*

Infinitif présent	Infinitif passé
être	avoir été

Participe présent	Participe passé
étant	été, ayant été

L'Indicatif

Présent	Passé indéfini
je suis	j'ai été
tu es	tu as été
il ou elle est	il ou elle a été
nous sommes	nous avons été
vous êtes	vous avez été
ils ou elles sont	ils ou elles ont été

Imparfait	Plus-que-parfait
j'étais	j'avais été
tu étais	tu avais été
il ou elle était	il ou elle avait été
nous étions	nous avions été
vous étiez	vous aviez été
ils ou elles étaient	ils ou elles avaient été

Passé défini	Passé antérieur
je fus	j'eus été
tu fus	tu eus été
il ou elle fut	il ou elle eut été
nous fûmes	nous eûmes été
vous fûtes	vous eûtes été
ils ou elles furent	ils ou elles eurent été

Futur	Futur antérieur
je serai	j'aurai été
tu seras	tu auras été
il ou elle sera	il ou elle aura été
nous serons	nous aurons été
vous serez	vous aurez été
ils ou elles seront	ils ou elles auront été

Le Conditionnel

Présent	Antérieur
je serais	j'aurais été
tu serais	tu aurais été
il ou elle serait	il ou elle aurait été
nous serions	nous aurions été
vous seriez	vous auriez été
ils ou elles seraient	ils ou elles auraient été

Le Subjonctif

Présent

que je sois
que tu sois
qu'il ou qu'elle soit
que nous soyons
que vous soyez
qu'ils ou qu'elles soient

Parfait

que j'aie été
que tu aies été
qu'il ou qu'elle ait été
que nous ayons été
que vous ayez été
qu'ils ou qu'elles aient été

Imparfait

que je fusse
que tu fusses
qu'il ou qu'elle fût
que nous fussions
que vous fussiez
qu'ils ou qu'elles fussent

Plus-que-parfait

que j'eusse été
que tu eusses été
qu'il ou qu'elle eût été
que nous eussions été
que vous eussiez été
qu'ils ou qu'elles eussent été

L'Impératif

Présent

sois
soyons
soyez

Chapitre 26

Auxiliaires Secondaires

On peut considérer comme auxiliaires secondaires certains verbes tels que: **aller, devoir, faire, pouvoir, savoir** et **vouloir,** parce que, devant un infinitif, ils s'emploient souvent avec la force d'un auxiliaire.

ALLER

Aller, employé au présent et à l'imparfait, indique un futur prochain ou une action sur le point d'être faite:

> **Je *vais* chanter.** *I am going to sing (very soon).*
> ***J'allais* sortir, quand vous êtes entré.** *I was (on the point of) going out when you came in.*

DEVOIR

1. **Devoir,** au présent, signifie *must, am to:*

   > **Je *dois* sortir ce soir.**
   > **Le bateau *doit* partir aujourd'hui.**

2. A l'imparfait, il signifie *was to* ou *had to:*

   > **Je *devais* chanter cette chanson.**

3. Au passé indéfini et au passé défini, il signifie *had to:*

   > **Il *a dû* la chanter.**
   > **Il *dut* la chanter.**

4. Au conditionnel présent, il signifie *should, ought to:*

   > **Il *devrait* la chanter.**

5. Au conditionnel antérieur, il signifie *should have, ought to have:*

   > **Il *aurait dû* la chanter.**

6. Le verbe *must* se traduit, en français, tantôt par **falloir**, tantôt par **devoir**. **Falloir** exprime la nécessité:

> **Il *faut* avoir de l'argent pour vivre.**

Devoir exprime simplement la conséquence de ce qui précède ou de ce qui suit:

> **Il vient d'acheter une grande automobile; il *doit* avoir de l'argent.**
> **Il n'a pas réussi à cet examen; il *doit* être paresseux ou stupide.**

Devoir exprime aussi, tout particulièrement, l'idée de **devoir** et non de **nécessité**:

> **Je *dois* aller voir un ami qui est malade.**
> Mais: **Il *faut* manger pour vivre.**

7. **Devoir** s'emploie aussi, comme verbe principal, dans le sens de *owe:*

> **Il me *doit* cinq francs.**

FAIRE

1. Les expressions anglaises *to have, to cause, to see a thing done*, s'expriment en français par **faire** + le participe passé anglais transformé en infinitif actif:

> **J'*ai fait faire* une robe.**   *I had a dress made.*
> **Il *a fait venir* le médecin.**
> **Vous *ferez exécuter* cet ordre.**

2. Tous les pronoms personnels régimes, même ceux qui, en anglais, modifient le second verbe, modifient en français le verbe **faire**. Ils précèdent par conséquent **faire,** excepté à l'impératif affirmatif:

> **Par qui avez vous fait faire cette robe?**
> **Je *l'*ai fait faire par la couturière de mon amie.**
> **On *vous* fera lever de bonne heure.**
> **Si vous avez un bon médecin, faites-*le* venir.**

3. S'il y a deux régimes, celui qui indique la personne devient le régime indirect et l'autre le régime direct:

> **Je *lui* ferai lire le livre.**   *I'll have him read the book.*
> **Je le *lui* ferai lire.**   *I'll have him read it.*
> **Faites-*le-lui* faire.**   *Have him do it.*

4. On combine le verbe **faire** avec certains verbes neutres pour leur donner un sens actif:

> **Le dîner cuit.**   *The dinner is cooking.*
> **La cuisinière *fait* cuire le dîner.**   *The cook cooks the dinner.*
> **L'eau boût.**   *The water is boiling.*
> **Faites bouillir l'eau.**   *Boil the water.*
> **La nouvelle circule.**   *The news circulates.*
> **Il *fait* circuler la nouvelle.**   *He is circulating the news.*

5. *To make* + un adjectif s'exprime par **rendre:**

> **Cela m'a *rendu* malade.**   *It made me ill.*
> **Vous le *rendrez* bien heureux.**   *You will make him very happy.*

POUVOIR

1. Il n'y a pas de différence entre *can* ou *may:*

> **Puis-*je* sortir maintenant?**   *May I go out now?*
> **Je ne *peux* pas marcher si vite.**   *I cannot walk so fast.*

2. *I could* s'exprime en français par **je pouvais, j'ai pu, je pus, je pourrais,** suivant le sens:

> **Je pouvais voir qu'il était pressé.**
> **Ce jour-là Napoléon put se reposer.**
> **Avez-vous pu finir vos devoirs hier soir?**
> **Si j'étais riche, je pourrais m'acheter une automobile.**

3. Remarquez la traduction de *I could have:* **j'aurais pu.** C'est le verbe **pouvoir** qui, en français, se met au temps composé:

> ***J'aurais pu* venir plus tôt.**   *I could have come earlier.*

4. *May* dans le sens de **prière**, de **souhait**, s'exprime par le présent du subjonctif, sans la conjonction **que:**

> **Puissiez-vous vivre bien des années!** *May you live for many years!*

5. Quand *can* signifie connaissance, capacité de faire une certaine chose, on emploie en français de préférence le verbe **savoir:**

> **Je *sais* patiner, mais je ne *peux* pas patiner aujourd'-hui, parce que j'ai oublié d'apporter mes patins.**

Savoir

A la forme négative du présent du conditionnel, **savoir** est employé pour le présent du verbe **pouvoir:**

> **Il ne *saurait* raconter cette histoire.** *He cannot tell that story.*
> **Je ne *saurais* refuser ce service.**

(On peut supprimer **pas** après **pouvoir** ou **savoir** suivis de l'infinitif.)

Exercice

Traduisez en français:

1. Can she dance?
2. Yes, but she cannot dance this evening.
3. She is to sing.
4. She has had a beautiful gown made for this evening.
5. She had the dressmaker make it.
6. It is very becoming to her.
7. She must be very tired.
8. Don't have her sing now.
9. I should like to have a hat made.
10. I ought to have done it yesterday.
11. I cannot do it myself.
12. I shall have my sister do it tomorrow.

13. Make your brother write that letter. Make him write it.
14. If I had made him study his lessons at home, he would have succeeded much better.
15. I could not have finished this work if you had not helped me.
16. You ought not to remain these six weeks without writing to your mother.
17. My sister should not have come; she ought to have stayed quietly at home.
18. Tell him he ought to be ashamed.
19. He must have left you a great deal of money.
20. She ought to have shown more tenderness.
21. Your mother is to meet you at our house at three o'clock.

Questionnaire

1. Quels sont les deux verbes auxiliaires?
2. A quoi servent-ils?
3. S'emploient-ils aussi comme verbes ordinaires?
4. Quels verbes peut-on considérer comme auxiliaires secondaires?
5. Faites des phrases pour montrer l'emploi du verbe **devoir.**
6. Faites des phrases pour montrer l'emploi du verbe **pouvoir.**
7. Faites des phrases pour montrer l'emploi du verbe **faire.**
8. Faites des phrases pour montrer l'emploi du verbe **savoir.**

Chapitre 27

Les Quatre Conjugaisons

Il y a en français quatre conjugaisons qui se distinguent par la terminaison de l'infinitif présent. Celle de la première conjugaison est **er, donner**; de la deuxième, **ir, finir**; de la troisième, **oir, recevoir**; de la quatrième, **re, rompre.**

Première Conjugaison

Infinitif présent
donner

Infinitif passé
avoir donné

Participe présent
donnant

Participe passé
donné

L'Indicatif

Présent
je donne
tu donnes
il ou elle donne
nous donnons
vous donnez
ils ou elles donnent

Passé indéfini
j'ai donné
tu as donné
il ou elle a donné
nous avons donné
vous avez donné
ils ou elles ont donné

Imparfait
je donnais
tu donnais
il ou elle donnait
nous donnions
vous donniez
ils ou elles donnaient

Plus-que-parfait
j'avais donné
tu avais donné
il ou elle avait donné
nous avions donné
vous aviez donné
ils ou elles avaient donné

Passé défini	*Passé antérieur*
je donnai	j'eus donné
tu donnas	tu eus donné
il ou elle donna	il ou elle eut donné
nous donnâmes	nous eûmes donné
vous donnâtes	vous eûtes donné
ils ou elles donnèrent	ils ou elles eurent donné

Futur	*Futur antérieur*
je donnerai	j'aurai donné
tu donneras	tu auras donné
il ou elle donnera	il ou elle aura donné
nous donnerons	nous aurons donné
vous donnerez	vous aurez donné
ils ou elles donneront	ils ou elles auront donné

Le Conditionnel

Présent	*Antérieur*
je donnerais	j'aurais donné
tu donnerais	tu aurais donné
il ou elle donnerait	il ou elle aurait donné
nous donnerions	nous aurions donné
vous donneriez	vous auriez donné
ils ou elles donneraient	ils ou elles auraient donné

Le Subjonctif

Présent	*Parfait*
que je donne	que j'aie donné
que tu donnes	que tu aies donné
qu'il ou qu'elle donne	qu'il ou qu'elle ait donné
que nous donnions	que nous ayons donné
que vous donniez	que vous ayez donné
qu'ils ou qu'elles donnent	qu'ils ou qu'elles aient donné

Imparfait	*Plus-que-parfait*
que je donnasse	que j'eusse donné
que tu donnasses	que tu eusses donné
qu'il ou qu'elle donnât	qu'il ou qu'elle eût donné
que nous donnassions	que nous eussions donné
que vous donnassiez	que vous eussiez donné
qu'ils ou qu'elles donnassent	qu'ils ou qu'elles eussent donné

L'Impératif

donne (s)
donnons
donnez

REMARQUES

A la forme interrogative, on change **e** muet en **é** à la première personne du singulier du présent de l'indicatif:

Donné-je?

A la troisième personne du singulier, si le verbe se termine par une voyelle, **t** se place entre le verbe et le sujet **il, elle, on:**

Donne-*t*-il?   Parla-*t*-on?   Que désire-*t*-elle?

Dans la conversation, on emploie l'expression **est-ce que,** à la première personne du singulier, présent de l'indicatif, de préférence à l'inversion:

Est-ce que **je parle français?**
au lieu de: *Parlé-je* **français?**

Chapitre 28

Remarques sur la Première Conjugaison

I. Les verbes, terminés à l'infinitif par **cer**, comme **commencer, placer,** prennent une cédille sous le **c** (**ç**), devant **a, o:**

> **Je commençais, nous commençons**
> **Je plaçais, nous plaçons**

Nous employons cette cédille pour conserver la prononciation de la racine.

II. Les verbes, terminés à l'infinitif par **ger,** comme **manger, juger,** prennent un **e** muet après **g** devant **a, o,** pour conserver la prononciation de la racine:

> **Je mangeais, nous mangeons**
> **Je jugeais, nous jugeons**

III. Les verbes, terminés à l'infinitif par **eler, eter,** doublent **l** ou **t** devant un **e** muet:

> **appeler: j'appelle, j'appellerai**
> **jeter: je jette, je jetterai**

REMARQUE

Quelques verbes comme **geler, acheter, peler, modeler, celer,** etc., prennent un accent grave sur l'**e** devant une syllabe muette, au lieu de doubler **l** ou **t:**

> **geler: il gèle, il gèlera**
> **acheter: j'achète, j'achèterais**

IV. Les verbes qui ont un **e** muet, à l'avant-dernière syllabe de l'infinitif, changent cet **e** muet en **è,** devant une syllabe muette:

mener: je mène, je mènerai

V. Les verbes qui ont un **é,** à l'avant-dernière syllabe de l'infinitif, changent cet **é** en **è,** devant une syllabe muette, excepté au futur et au conditionnel:

céder: je cède, ils cèdent
Mais: **je céderai, je céderais**

VI. Les verbes, terminés par **yer** à l'infinitif, changent **y** en **i** devant un **e** muet:

nettoyer: je nettoie, je nettoierai
appuyer: j'appuie, j'appuierai

REMARQUE

Les verbes, terminés par **ayer,** peuvent garder **y,** devant un **e** muet:

payer: je paye, nous payerons (ou) je paie, nous paierons

Exercice I

Changez à la première et à la troisième personnes du pluriel:

1. Je mène mon amie au théâtre.
2. Elle s'appelle Marie.
3. J'achète de bonnes places.
4. Je paye cinq francs la place.
5. Je préfère ces places-là.
6. Je mange toujours après le théâtre.

Exercice II

Changez à la 1ère personne du singulier et à la 3ème personne du pluriel:

1. Nous nettoyons la chambre.
2. Nous la balayons.

3. Nous plaçons les chaises dans le salon.
4. Nous les appuyons contre les tables.
5. Nous essayons de nettoyer les fenêtres aussi.
6. Nous dérangeons tout le monde.

Exercice III

Traduisez en français:

1. We shall celebrate my birthday tomorrow evening.
2. We shall take our friends to the theater.
3. They often take us to a concert.
4. They are playing a very good comedy now.
5. It is called *L'Avare.*
6. My brother will buy good seats.
7. He always pays four dollars for them.
8. We do not prefer those seats but he prefers them.
9. We only pay two dollars for ours.
10. We always eat after the theater.
11. Let us go early; we do not disturb everyone if we go at a quarter to eight.
12. The plays used to begin at eight but now they begin at a quarter past eight.

Questionnaire

1. Dans les verbes en **ger,** que fait-on pour conserver la prononciation de la racine?
2. Quand place-t-on une cédille sous le **c,** dans les verbes en **cer?**
3. Quelle est la règle pour les verbes en **eler, eter?**   Ex.
4. Quelle est la règle pour **mener, semer, lever?**   Ex.
5. Que font les verbes en **yer?**   Ex.
6. Que font les verbes en **ayer?**   Ex.

Deuxième Conjugaison

Infinitif présent	*Infinitif passé*
finir	avoir fini

Participe présent	*Participe passé*
finissant	fini

L'Indicatif

Présent	*Passé indéfini*
je finis	j'ai fini
tu finis	tu as fini
il ou elle finit	il ou elle a fini
nous finissons	nous avons fini
vous finissez	vous avez fini
ils ou elles finissent	ils ou elles ont fini

Imparfait	*Plus-que-parfait*
je finissais	j'avais fini
tu finissais	tu avais fini
il ou elle finissait	il ou elle avait fini
nous finissions	nous avions fini
vous finissiez	vous aviez fini
ils ou elles finissaient	ils ou elles avaient fini

Passé défini	*Passé antérieur*
je finis	j'eus fini
tu finis	tu eus fini
il ou elle finit	il ou elle eut fini
nous finîmes	nous eûmes fini
vous finîtes	vous eûtes fini
ils ou elles finirent	ils ou elles eurent fini

Futur	*Futur antérieur*
je finirai	j'aurai fini
tu finiras	tu auras fini
il ou elle finira	il ou elle aura fini
nous finirons	nous aurons fini
vous finirez	vous aurez fini
ils ou elles finiront	ils ou elles auront fini

Le Conditionnel

Présent	*Antérieur*
je finirais	j'aurais fini
tu finirais	tu aurais fini
il ou elle finirait	il ou elle aurait fini
nous finirions	nous aurions fini
vous finiriez	vous auriez fini
ils ou elles finiraient	ils ou elles auraient fini

Le Subjonctif

Présent	*Passé*
que je finisse	que j'aie fini
que tu finisses	que tu aies fini
qu'il ou qu'elle finisse	qu'il ou qu'elle ait fini
que nous finissions	que nous ayons fini
que vous finissiez	que vous ayez fini
qu'ils ou qu'elles finissent	qu'ils ou qu'elles aient fini

Imparfait	*Plus-que-parfait*
que je finisse	que j'eusse fini
que tu finisses	que tu eusses fini
qu'il ou qu'elle finît	qu'il ou qu'elle eût fini
que nous finissions	que nous eussions fini
que vous finissiez	que vous eussiez fini
qu'ils ou qu'elles finissent	qu'ils ou qu'elles eussent fini

L'Impératif

finis
finissons
finissez

Troisième Conjugaison

Infinitif présent
recevoir

Participe présent
recevant

Infinitif passé
avoir reçu

Participe passé
reçu

L'Indicatif

Présent
je reçois
tu reçois
il ou elle reçoit
nous recevons
vous recevez
ils ou elles reçoivent

Imparfait
je recevais
tu recevais
il ou elle recevait
nous recevions
vous receviez
ils ou elles recevaient

Passé défini
je reçus
tu reçus
il ou elle reçut
nous reçûmes
vous reçûtes
ils ou elles reçurent

Passé indéfini
j'ai reçu
tu as reçu
il ou elle a reçu
nous avons reçu
vous avez reçu
ils ou elles ont reçu

Plus-que-parfait
j'avais reçu
tu avais reçu
il ou elle avait reçu
nous avions reçu
vous aviez reçu
ils ou elles avaient reçu

Passé antérieur
j'eus reçu
tu eus reçu
il ou elle eut reçu
nous eûmes reçu
vous eûtes reçu
ils ou elles eurent reçu

Futur

je recevrai
tu recevras
il ou elle recevra
nous recevrons
vous recevrez
ils ou elles recevront

Futur antérieur

j'aurai reçu
tu auras reçu
il ou elle aura reçu
nous aurons reçu
vous aurez reçu
ils ou elles auront reçu

Le Conditionnel

Présent

je recevrais
tu recevrais
il ou elle recevrait
nous recevrions
vous recevriez
ils ou elles recevraient

Antérieur

j'aurais reçu
tu aurais reçu
il ou elle aurait reçu
nous aurions reçu
vous auriez reçu
ils ou elles auraient reçu

Le Subjonctif

Présent

que je reçoive
que tu reçoives
qu'il ou qu'elle reçoive
que nous recevions
que vous receviez
qu'ils ou qu'elles reçoivent

Parfait

que j'aie reçu
que tu aies reçu
qu'il ou qu'elle ait reçu
que nous ayons reçu
que vous ayez reçu
qu'ils ou qu'elles aient reçu

Imparfait

que je reçusse
que tu reçusses
qu'il ou qu'elle reçût
que nous reçussions
que vous reçussiez
qu'ils ou qu'elles reçussent

Plus-que-parfait

que j'eusse reçu
que tu eusses reçu
qu'il ou qu'elle eût reçu
que nous eussions reçu
que vous eussiez reçu
qu'ils ou qu'elles eussent reçu

L'Impératif

reçois
recevons
recevez

REMARQUE

Les verbes en **oir** ont deux racines; la première se trouve en retranchant **oir** de l'infinitif: recevoir (**recev**); la deuxième se trouve en retranchant **ev** de la première racine (**rec**). Au prés. de l'indicatif, au passé défini et au participe passé, nous avons la deuxième racine: **je reçois, je reçus, reçu.** (Devant **o** et **u,** nous mettons une cédille sous le **c**: **il reçoit, il reçut.**)

Quatrième Conjugaison

Infinitif présent

rompre

Infinitif passé

avoir rompu

Participe présent

rompant

Participe passé

rompu

L'Indicatif

Présent

je romps
tu romps
il ou elle rompt
nous rompons
vous rompez
ils ou elles rompent

Passé indéfini

j'ai rompu
tu as rompu
il ou elle a rompu
nous avons rompu
vous avez rompu
ils ou elles ont rompu

Imparfait	*Plus-que-parfait*
je rompais	j'avais rompu
tu rompais	tu avais rompu
il ou elle rompait	il ou elle avait rompu
nous rompions	nous avions rompu
vous rompiez	vous aviez rompu
ils ou elles rompaient	ils ou elles avaient rompu

Passé défini	*Passé antérieur*
je rompis	j'eus rompu
tu rompis	tu eus rompu
il ou elle rompit	il ou elle eut rompu
nous rompîmes	nous eûmes rompu
vous rompîtes	vous eûtes rompu
ils ou elles rompirent	ils ou elles eurent rompu

Futur	*Futur antérieur*
je romprai	j'aurai rompu
tu rompras	tu auras rompu
il ou elle rompra	il ou elle aura rompu
nous romprons	nous aurons rompu
vous romprez	vous aurez rompu
ils ou elles rompront	ils ou elles auront rompu

Le Conditionnel

Présent	*Antérieur*
je romprais	j'aurais rompu
tu romprais	tu aurais rompu
il ou elle romprait	il ou elle aurait rompu
nous romprions	nous aurions rompu
vous rompriez	vous auriez rompu
ils ou elles rompraient	ils ou elles auraient rompu

Le Subjonctif

Présent

que je rompe
que tu rompes
qu'il ou qu'elle rompe
que nous rompions
que vous rompiez
qu'ils ou qu'elles rompent

Parfait

que j'aie rompu
que tu aies rompu
qu'il ou qu'elle ait rompu
que nous ayons rompu
que vous ayez rompu
qu'ils ou qu'elles aient rompu

Imparfait

que je rompisse
que tu rompisses
qu'il ou qu'elle rompît
que nous rompissions
que vous rompissiez
qu'ils ou qu'elles rompissent

Plus-que-parfait

que j'eusse rompu
que tu eusses rompu
qu'il ou qu'elle eût rompu
que nous eussions rompu
que vous eussiez rompu
qu'ils ou qu'elles eussent rompu

L'Impératif

romps
rompons
rompez

Voir page 224 pour les verbes irréguliers.

Chapitre 29

Emploi des Modes et des Temps

Indicatif

I. Présent

Une action, commencée au passé mais qui continue dans le présent, s'exprime par le présent, en français. Le présent s'emploie donc, au lieu du passé, après les expressions suivantes: **il y a . . . que, voici (voilà) . . . que, depuis, depuis quand?, depuis . . . que,** pour exprimer l'idée que l'action continue dans le présent:

> **Je l'*attends* depuis une heure.** *I have been waiting for him for one hour.*
> **Depuis quand *êtes-vous* aux États-Unis?** *How long have you been in the United States?*
> **Je *suis* aux États-Unis depuis dix ans.** *I have been here for ten years.*
> **Il y a trois heures qu'il *parle.*** ⎫ *He has been speaking*
> **Voilà trois heures qu'il *parle.*** ⎭ *three hours.*

N. B.—Dans tous ces exemples, l'action continue dans le présent.

Exercice

Traduisez en français:

1. We like Mr. and Mrs. Dupont. We have known them for a long time.
2. They are coming from New York. We have been waiting two hours for them.
3. Do they live in New York? Yes, they have been living there for three years.

4. They are building a large house there.
5. Are you selling your house?
6. Yes, we are selling our house but we are building a larger one.
7. Are your friends looking for a good room in this hotel?
8. Yes, they are looking for one but they are wasting their time.
9. I am selecting some good rooms for them in this private house.
10. You receive letters from them often, do you not?
11. No, we do not receive letters from them but our sisters receive some.

II. Imparfait

L'imparfait correspond à la forme progressive ou habituelle exprimée en anglais par: *I was giving* ou *I used to give*.
On emploie l'imparfait pour exprimer:

1. Une action qui était en train de se faire:

   Je *montais* l'escalier quand je suis tombé.
   Il *lisait* quand je suis arrivé.

2. Une action habituelle au passé:

   Autrefois, je me *levais* tous les matins à sept heures, mais ce matin je me suis levé à huit heures.

3. Un état au passé:

   Où *alliez*-vous à l'école (habitude) **quand vous *étiez* petit** (état)?
   Il *était* malade.
   Qui a pris le livre qui se *trouvait* sur cette table?

4. Une description au passé:

   Un magnifique château *s'élevait* autrefois sur ces ruines. Les épaisses murailles le *protégeaient* des attaques de l'ennemi. Les tours *servaient* de postes d'observation. Un pont-levis en *fermait* l'entrée. Des fossés profonds *l'entouraient*.

5. On emploie toujours l'imparfait dans une proposition qui commence par **si,** quand la proposition qui exprime le **résultat** est au conditionnel:

> **S'il** *faisait* **beau, j'irais à la campagne.** (Voir exercice, page 137.)

III. Passé indéfini

1. Le passé indéfini exprime, comme en anglais, une action complètement terminée:

> **J'ai fini mon devoir.**
> **Je l'ai vu souvent.**

2. En français, on emploie aussi le passé indéfini, dans la langue courante, dans la conversation, au lieu du passé défini qui s'emploie surtout dans la narration ou le style littéraire. Dans le **discours direct,** on emploie presque toujours le passé indéfini:

> **Où êtes-vous allé ce matin?** *Where did you go?*
> **Je suis allé voir un de mes amis.** *I went.*
> **Qu'avez-vous fait dimanche dernier?**
> **J'ai fait une promenade et j'ai étudié mon français.**
> *I took a walk and I studied my French.*

Mais on dit:

> **Ce matin-là Napoléon se** *leva* **de bonne heure et** *alla* **visiter la colonne Vendôme** (narration).
> **"Avez-vous déjeuné?"** (discours direct), *demanda*-t-il **à Duroc** (continuation de la narration).

IV. Passé défini

Le passé défini correspond au *past* en anglais et s'emploie comme le passé en anglais, excepté dans les cas où il faut

employer le passé indéfini. (Voir paragraphe précédent.)
On emploie le passé défini dans la narration; jamais dans le discours direct et rarement dans la conversation ou la correspondance:

> **Napoléon *examina* la colonne dans tous les détails, puis il *décida* d'entrer dans un restaurant pour déjeuner. Il *avait* faim** (imparfait exprimant l'état); **il *déjeunait* ordinairement de bonne heure** (imparfait d'habitude). **Il dit au Maréchal Duroc: "*Avez*-vous déjà *déjeuné?*"** (Passé indéfini, discours direct.) **Le Maréchal *répondit*** (narration): **"Non, je *n'ai* rien *pris* ce matin."** (Passé indéfini, discours direct.)

Exercice

Traduisez en français:

1. The child entered the store, looked at the toys, chose one, and left the store.
2. He went home, showed the toy to his mother, and returned the six cents to his father.
3. The man arrived at the inn and asked for a room.
4. They gave him a large room.
5. He asked for some water.
6. We carried water to his room and filled the pitcher.
7. His wife and sister arrived later.
8. We selected good rooms for them.
9. They waited for him in the dining room.
10. They always answered us in French because we spoke French to them.

V. Plus-que-parfait

L'emploi du plus-que-parfait est le même en français qu'en anglais. Pour la différence entre le plus-que-parfait et le passé antérieur, voir le paragraphe suivant.

VI. Passé antérieur

Le passé antérieur a le même sens que le plus-que-parfait en anglais et se traduit toujours par le plus-que-parfait anglais. On l'emploie, au lieu du plus-que-parfait, après certaines conjonctions de temps qui ne gouvernent pas le mode subjonctif, quand l'action du verbe n'est pas habituelle. Quand l'action est habituelle, on emploie le plus-que-parfait, même après ces conjonctions. Voici quelques conjonctions qui prennent le passé antérieur: **lorsque, quand, après que, aussitôt que, dès que.** L'adverbe **à peine** et l'expression **ne . . . pas plus tôt . . . que** prennent aussi le passé antérieur:

> Ce soir-là, après qu'il *eut fini* ses devoirs, il alla voir son ami (action non habituelle).
>
> Tous les soirs, après qu'il *avait fini* ses devoirs, il allait voir son ami (action habituelle).
>
> Il n'*eut pas plus tôt dit* son nom que l'homme lui serra la main (action non habituelle).
>
> Il n'*avait pas plus tôt fini* son travail qu'il quittait le bureau (action habituelle).

VII. Passé surcomposé

Quand le verbe de la phrase principale est au passé indéfini, le plus-que-parfait anglais, après les conjonctions mentionnées dans le paragraphe précédent se traduit par le passé indéfini de l'auxiliaire et le participe passé du verbe:

> Ce matin je suis sorti, après que *j'ai eu fini* mon déjeuner.
>
> Hier soir nous sommes allés au théâtre, aussitôt que nos amis ont été partis.

VIII. Futur

1. On emploie le futur, en français, après les conjonctions **quand, lorsque, dès que, aussitôt que, après que, tant que,** quand il y a idée de futur:

Venez me voir, quand vous *serez* à Paris. *When you are in Paris.*

Descendez, aussitôt que vous *serez* prêt. *As soon as you are ready.*

Tant que je *vivrai*. *As long as I live.*

2. On emploie le présent après **si,** quand on a le futur dans la proposition qui exprime le résultat:

J'irai à Paris, si *j'ai* assez d'argent.

IX. Futur antérieur

Le futur antérieur s'emploie comme en anglais.

N. B.—Remarquez l'emploi du futur antérieur au lieu du **parfait** anglais après les conjonctions **quand, lorsque, dès que, aussitôt que, après que, tant que,** quand il y a idée de futur:

Je sortirai, aussitôt que vous *serez* retourné de votre promenade.

Il viendra me rejoindre, quand il *aura fini*.

Conditionnel

I. Le conditionnel correspond à la forme anglaise *would* ou *should*.

On n'emploie jamais le conditionnel dans une proposition subordonnée qui commence par **si** indiquant une condition:

Elle l'épouserait, s'il *était* riche.

Quand le verbe après **si** est à l'imparfait, le verbe qui exprime le résultat est toujours au conditionnel:

Si j'*avais* beaucoup d'argent, je *voyagerais* beaucoup.

Exercice

Traduisez en français:

1. We would visit England next summer if we had money enough.

2. If my relatives lived there I would spend a year in London.
3. Would you go if you had the time?
4. Yes, I would travel in France and England if I were not working all summer.
5. I would borrow the money if I could.
6. Would you borrow the money if you were poor?
7. My father would lend it to you if you asked him for it.
8. If you were working you would return the money, wouldn't you?
9. Yes, I would return it if I received it from your father.
10. He would be angry if I did not return it.
11. I would be glad if I had it.
12. He would be glad if I were with him.

II. Conditionnel antérieur

Le conditionnel antérieur s'emploie comme en anglais. Quand le verbe après **si** est au plus-que-parfait, le verbe qui exprime le résultat est généralement au conditionnel antérieur:

Si *j'avais eu* beaucoup d'argent, je *serais allé* à Paris.

Impératif

L'impératif s'emploie pour commander.

Pour la position des pronoms personnels régimes avec un impératif, voir page 57.

Chapitre 30

Des Différentes Sortes de Verbes

Il y a deux espèces de verbes: **les verbes transitifs** et **les verbes intransitifs ou neutres.**
On appelle **transitif** un verbe qui peut avoir un régime direct:

> **Paul aime ses parents.**
> **Louis étudie ses leçons.**

On appelle **intransitif** un verbe qui ne peut pas avoir de régime direct:

> **Je vais à l'école.**
> **Nous restons à la maison.**

Si le **verbe transitif** exprime une action faite par le sujet et reçue directement par le régime, le verbe est alors **à la forme active:**

> **L'élève écrit ce devoir.**
> **Pierre frappe Paul.**

Si l'action exprimée par le verbe est reçue par le sujet, le verbe est **à la forme passive.** On l'appelle **verbe passif:**

> **Le devoir est écrit par l'élève.**
> **Paul est frappé par Pierre.**

Si l'action exprimée par le verbe est faite et reçue par la même personne, le verbe est **à la forme réfléchie.** On l'appelle **verbe réfléchi:**

> **Paul se lève de bonne heure; il se lave, puis s'habille vite.**

REMARQUE

Certains verbes se conjuguent avec deux pronoms de

la même personne sans être vraiment réfléchis; on les appelle verbes **pronominaux:**

Je me souviens.   **Il se bat.**

Verbe a la Forme Passive

Le verbe à la forme passive marque une action reçue par le sujet:

La lettre est écrite par moi.

La conjugaison d'un verbe, à la forme passive, est tout simplement la conjugaison du verbe **être** avec le participe passé d'un verbe transitif. Ce participe passé s'accorde en genre et en nombre avec le sujet:

Paul *est puni* **aujourd'hui par le professeur de français.**
Louise *a été punie* **hier et elle** *sera punie* **encore demain.**

Emploi de la Forme Passive

I. On emploie la forme passive, en français comme en anglais, si l'agent est exprimé ou connu:

Ce livre est écrit *par* **un Français.**

II. Si l'agent n'est pas mentionné, si l'agent est vague, les Français emploient, de préférence, la forme active avec le pronom indéfini **on,** pourvu qu'une action ait été vraiment accomplie:

On étudie les leçons dans cette salle. *Lessons are studied in this room.*
On parle français dans ce magasin. *French is spoken in this store.*
On montera votre malle. *Your trunk will be brought up.*

III. Si une action n'a pas vraiment été accomplie, les Français emploient, de préférence, la forme réfléchie:

Les livres *se trouvent* **sur la table.**
Ce garçon *s'appelle* **Henri.**

Exercice I

Expliquez l'accord de chaque participe passé:

La France est une république. Elle est divisée en départements. Le chef de la république est le président. Il est élu pour sept ans. Paris, la capitale de la France, est situé sur la Seine. Il est divisé en deux parties par la Seine. Les deux rives du fleuve sont reliées par 32 ponts dont le Pont-Neuf est le plus ancien. Ce pont est le plus populaire de Paris, grâce aux chansons et aux romans par lesquels il a été célébré. Cette ville de Paris est aussi divisée en vingt arrondissements qui sont administrés par vingt maires. Le chef de l'administration municipale de Paris est le préfet de la Seine.

Exercice II

Répondez aux questions suivantes:

1. La France est-elle une république ou une monarchie?
2. Qui est le chef du gouvernement?
3. Pour combien d'années est-il élu?
4. Quelle est la capitale de la France?
5. Combien d'arrondissements y a-t-il dans Paris?
6. Par qui chaque arrondissement est-il administré?
7. Par quoi Paris est-il divisé?
8. Par quoi les deux rives de la Seine sont-elles reliées?
9. Lequel des ponts est le plus ancien?
10. Pourquoi est-ce le plus populaire?

Exercice III

Traduisez en français:

1. Paris is the capital of France.
2. It is situated on the Seine.
3. France is divided into departments.

4. Paris is divided into 20 districts.
5. The Seine also divides Paris.
6. It is divided into two parts by the Seine.
7. By what are the two banks of the river joined?
8. There are 32 bridges that join them.
9. Of all the bridges the Pont-Neuf is the most popular.
10. It has been celebrated by songs and stories.

Verbe a la Forme Réfléchie
ou
Verbe Réfléchi

I. Le verbe réfléchi (verbe pronominal) est un verbe qui est conjugué avec deux pronoms de la même personne, l'un sujet, l'autre régime direct ou indirect. Le sujet et un des pronoms régimes se rapportent à une seule et même personne:

> *Je me* lave.
> *Nous nous* amusons.
> *Il s'*est procuré des billets de théâtre.

II. Le verbe réfléchi se conjugue toujours avec l'auxiliaire **être** dans les temps composés:

> **Nous nous** *sommes* **bien amusés.**

III. Le participe passé des verbes réfléchis s'accorde en genre et en nombre avec le régime direct, si ce régime direct précède le participe passé:

(Voir règle du participe passé, page 162.)

> Elle *s'*est lev*ée* de bonne heure.
> Nous *nous* sommes habill*és* vite.
> Ils *se* sont procuré ces provisions au marché. (*se* régime indirect.)

IV. Le pronom réfléchi qui, en anglais, est souvent sous-entendu s'exprime toujours en français:

Nous *nous* **sommes dépêchés.** *We hurried (ourselves).*
Ils se sont habillés. *They dressed (themselves).*
Nous *nous* **lavons.** *We wash (ourselves).*

V. Dans une phrase, on n'exprime pas généralement le possessif devant une partie du corps; on emploie seulement l'article défini et l'idée de possession est exprimée par un pronom personnel régime. Quand le sujet accomplit l'action sur une partie de son propre corps, le verbe est réfléchi:

> **Je** *me* **lave** *les* **mains.**
> **La bonne** *lui* **a lavé** *la* **figure.**
> **Nous** *nous* **brossons** *les* **dents.**
> **Il** *s'est* **cassé** *la* **jambe.**

VI. Le verbe réfléchi exprime aussi l'idée de réciprocité:

> **Ils** *s'aiment.* *They love each other, one another.*

VII. Pour ajouter plus de force à l'idée de réciprocité, on peut employer **l'un l'autre, les uns les autres, l'une l'autre, les unes les autres** avec le verbe réfléchi:

> **Ils** *s'aiment l'un l'autre (les uns les autres).*
> **Elles** *se* **prêtent leurs livres** *l'une à l'autre.*
> **Vous** *vous* **flattez** *l'un l'autre.*

VIII. L'un l'autre, etc., est nécessaire pour exprimer l'idée de réciprocité quand le régime du verbe est précédé d'une préposition autre que **à:**

> **Ils travaillent l'un** *pour* **l'autre (les uns** *pour* **les autres).**
> **Ils coururent l'un** *vers* **l'autre (les uns** *vers* **les autres).**

REMARQUE

Avec **l'un l'autre,** etc., la préposition se place toujours devant **autre.**

Exercice

Traduisez en français:

1. There is a beautiful cathedral in Paris.
2. What is it called?

3. It is called *Notre-Dame*.
4. You must go to see it.
5. There are a great many things to see in a great city.
6. I always have a good time in Paris.
7. My sister had a good time in London last summer.
8. She fell and broke her arm two weeks ago.
9. She is not well this morning.   (se porter)
10. She rested yesterday and went to bed early.
11. She will be better tomorrow, I hope.   (se porter)
12. I was not well either but I got up early.   (se porter)
13. I dressed quickly and went for a walk.
14. I feel better now.   (se porter)

Verbe Intransitif ou Neutre

I. Le verbe intransitif ou **neutre** marque un état ou une action du sujet, mais ne peut avoir de complément direct:

> **Je reste à la maison.**
> **Je vais en Suisse.**

II. Les verbes intransitifs qui expriment une idée de déplacement (dans le sens d'**aller** et de **venir**) se conjuguent avec l'auxiliaire **être**. Ainsi les verbes **aller, venir, partir, sortir, arriver, monter, descendre, entrer,** etc., prennent l'auxiliaire **être**. Les verbes **rester, tomber, naître, mourir, devenir,** et **parvenir** prennent aussi l'auxiliaire **être**:

> **Il est allé en France.**

REMARQUE

Le participe passé des verbes intransitifs, conjugués avec **être**, s'accorde avec le sujet:

> **Elle est restée à la maison.**
> **Nous sommes tombés sur la glace.**
> **Il est mort.**

Exercice I

1. Mettez au pluriel tous les verbes en italique.
2. Expliquez l'accord des participes passés.

Mon ami *est arrivé* de Londres.   Il *est venu* me voir ce matin.   Nous sommes allés faire une promenade au Bois. Nous avons bien marché; demain matin nous irons visiter le musée du Louvre.   Nous partirons de bonne heure.   J'y *suis allé* bien souvent, mais mon ami n'y *est* jamais *allé.* L'année dernière il *est monté* à la tour Eiffel; il était bien fatigué, quand il *est descendu.*   Alors il *est entré* dans un café se reposer quelques instants.

Exercice II

Traduisez en français:

1. Winter has returned.
2. The leaves have fallen and the flowers are dead.
3. My mother and sister have returned from London.
4. My sister went away a month ago; she returned yesterday.
5. We went to visit the Louvre together.
6. We did not remain long.
7. Her friend's mother has become very rich.
8. Her father died last winter.
9. Her father and mother went to Europe ten years ago and they never returned.
10. Her sister Mary is very young; she was born in 1952, was she not?
11. Yes, she was born on the tenth of August, 1952, but she has grown (become) very tall.
12. Her sisters have both grown (become) very pretty.
13. The older one was married and went to France with her husband.

Verbe Impersonnel

Quand un verbe intransitif ou neutre ne s'emploie qu'à la troisième personne du singulier, on l'appelle **verbe impersonnel:**

Il pleut. Il neige.

Le verbe impersonnel est conjugué, dans les temps composés, avec l'auxiliaire **avoir** et le participe passé reste invariable:

Il a plu. Il a neigé.

REMARQUES

1. On peut employer un grand nombre de verbes, en anglais, au sens impersonnel; en français, le nombre des verbes impersonnels est limité. Si le verbe français n'est pas impersonnel, le pronom sujet anglais *it* se traduit par **cela** ou familièrement **ça:**

> *Cela* **me fera un bien grand plaisir de vous accompagner.** *It will give me great pleasure to go with you.*
> *Cela* **m'agace.** *It irritates me.*
> *Cela* **me fait plaisir.** *It pleases me.*
> *Cela* **le rend heureux.** *It makes him happy.*

2. Le verbe **faire,** à la forme impersonnelle, s'emploie, en français, au lieu du verbe **être,** en anglais, dans les expressions de temps, de température et de phénomènes naturels:

> **Il** *fait* **beau.**
> **Il** *a fait* **chaud.**
> **Il** *faisait* **du soleil quand je suis sorti.**
> **Il** *a fait* **du vent.**

Mais on dit: **le temps** *est* **beau,** parce que cette expression n'est pas impersonnelle.

Exercice

Traduisez en français:

1. It is raining now.
2. Is it necessary to go to town (en ville)?
3. Yes, it is necessary to go today.
4. It will not rain this afternoon; it is too cold.
5. Perhaps it will snow.
6. It snowed yesterday, didn't it?
7. Yes, it was very cold and it snowed all day.
8. What time is it?
9. It is half past nine.
10. It is late; I must leave at once.

Questionnaire

1. Combien de sortes de verbes y a-t-il?
2. Nommez-les.
3. Qu'est-ce qu'un verbe actif?   (Ex. dans une phrase.)
4. Avec quel auxiliaire est-il conjugué?
5. Expliquez l'accord du participe passé?   Ex.
6. Qu'est-ce qu'un verbe passif?
7. Avec quel auxiliaire est-il conjugué dans tous les temps?
8. Quelle est la règle d'accord du participe passé?
9. Conjuguez le verbe passif **être puni** dans tous les temps.

> **Je suis puni**
> **J'étais puni**
> **Je fus puni**
> **Je serai puni**
> **J'ai été puni.**
> **J'avais été puni, etc.**

10. Qu'est-ce qu'un verbe intransitif?
11. Nommez les verbes intransitifs qui sont conjugués avec **être**.

12. Nommez quelques verbes intransitifs qui sont conjugués avec **avoir.**
13. Quelle est la règle d'accord du participe passé de ces verbes? (Exemples.)
14. Qu'est-ce qu'un verbe réfléchi?
15. Avec quel auxiliaire se conjugue-t-il?
16. Donnez la règle d'accord du participe passé du verbe réfléchi.
17. Conjuguez un verbe réfléchi dans tous les temps.   Ex.

le présent:
Je me trouve.
Tu te trouves.
Il se trouve.
l'imparfait:
Je me trouvais.

le passé défini:
Je me trouvai.
le futur:
Je me trouverai.
le passé indéfini:
Je me suis trouvé, etc.

18. Qu'est-ce qu'un verbe impersonnel?
19. Avec quel auxiliaire est-il conjugué?
20. Le participe passé d'un verbe impersonnel est-il variable?
21. Donnez quelques verbes impersonnels.
22. Conjuguez un de ces verbes dans tous les temps.

Chapitre 31

De l'Infinitif

Il y a en français **l'infinitif présent** et **l'infinitif passé.**
Les terminaisons de l'infinitif présent sont:

> 1re. conjugaison **er,** chan**ter**
> 2e. conjugaison **ir,** fin**ir**
> 3e. conjugaison **oir,** rece**voir**
> 4e. conjugaison **re,** perd**re**

L'infinitif présent s'emploie comme verbe et comme nom.

I. Comme **verbe,** il peut avoir un régime direct ou indirect:

> **Il sait chanter cette chanson.**
> **Il va nous donner ce livre.**

II. Comme **nom,** il peut servir:

> 1. De sujet: **chanter est un plaisir.**
> 2. De régime: **il peut travailler.**
> 3. De régime d'un nom: **l'espoir de réussir.**
> 4. De régime d'un adjectif: **vous êtes difficile à contenter.**

III. Tous les verbes en français gouvernent le verbe suivant à l'infinitif, **jamais** au participe présent:

> **J'aime à aller** *patiner.* *I like to go skating.*
> **Je l'ai entendu** *chanter.* *I heard him singing.*
> **Il réussit à** *apprendre* **à patiner.** *He succeeded in learning to skate.*

IV. Tous les verbes ne gouvernent pas le verbe suivant à l'infinitif de la même manière; certains verbes gouvernent l'infinitif sans l'aide d'une préposition:

Je veux parler français correctement.
Voulez-vous venir me voir?
Il vous voit sortir.
Je sais chanter.
Où comptez-vous aller?

D'autres gouvernent l'infinitif à l'aide de la préposition **à:**

Il apprend *à* patiner.

D'autres gouvernent l'infinitif à l'aide de la préposition **de:**

Il cesse *de* travailler à huit heures.

Il n'y a aucune règle bien pratique pour classifier les verbes suivant la préposition qu'ils exigent devant l'infinitif; le plus simple est de les apprendre par cœur ou de se reporter aux listes données ci-dessous.

Verbes qui gouvernent l'infinitif directement (sans préposition).

accourir	désirer	prétendre
affirmer	devoir	se rappeler
aimer	écouter	reconnaître
aimer autant	entendre	regarder
aimer mieux	envoyer	retourner
aller	espérer	revenir
apercevoir	faillir	savoir
assurer	faire	sembler
avoir beau	falloir	sentir
avouer	s'imaginer	souhaiter
compter	laisser	soutenir
confesser	mener	supposer
courir	ouïr	témoigner
croire	paraître	valoir mieux
daigner	penser	venir
déclarer	pouvoir	voir
déposer	préférer	vouloir, etc.

1. Remarquez les exemples suivants:

J'aime mieux chanter que _de_ parler. *I like better to sing than talk.*

Il vaut mieux chanter que _de_ parler. *It is better to sing than to talk.*

(L'infinitif après **que** (*than*) est précédé de **de**.)

2. **Venir,** dans le sens de *to come*, gouverne l'infinitif sans préposition:

Il vient me voir. *He is coming to see me.*

Venir, dans le sens de *to happen*, gouverne l'infinitif avec **à:**

S'il vient _à_ chanter. *If he happens to sing.*

Venir, dans le sens de *to have just*, gouverne l'infinitif avec **de.**

Il vient _de_ le faire. *He has just done it.*
Il venait _de_ le faire. *He had just done it.*

3. Remarquez les idiotismes suivants:

Que faire? forme elliptique pour: **que (puis-je) faire?** ou **que (dois-je) faire?** *What's to be done?*
Je ne sais que faire. *I don't know what to do.*

Exercice

Traduisez en français:

1. I shall come to see you tomorrow.
2. Do you intend to leave soon?
3. I should like to come today but I cannot leave the house.
4. I am going to send you a book.
5. I prefer to send it to you by my brother.

6. He can leave it at your house.
7. I do not dare to send it by my friend.
8. She does not know how to go to your house.
9. She prefers to go with me.
10. She seems to be afraid when she is alone.
11. Can you come to see me again?
12. I saw you pass by my house yesterday.
13. We hope to go out this afternoon.
14. We intend to make some purchases.
15. Do you wish to go with me?
16. I prefer to have someone with me.
17. I'll come to get (chercher) you if you can go.

Verbes Qui Gouvernent l'Infinitif avec Á

I. Il y a aussi des verbes qui prennent la préposition à devant l'infinitif:

> **Il aime *à* parler. (ou Il aime parler.)**
> **Il a *à* étudier maintenant.**
> **Je vous enseigne *à* lire.**
> **Il m'aide *à* faire ce devoir.**
> **Je l'invite *à* dîner.**

Voici une liste des verbes les plus communs qui gouvernent l'infinitif avec **à:**

abandonner (s') à	apprendre à	avoir (de la) peine à
aboutir à	apprêter (s') à	balancer à
admettre à	aspirer à	se borner à
adonner (s') à	attacher à	chercher à
aider à	attacher (s') à	se complaire à
aimer à	attendre à	concourir à
amuser (s') à	autoriser à	condamner à
appeler à	s'avilir à	conduire à
appliquer (s') à	avoir à	consacrer (se) à

consister à
conspirer à
contribuer à
coûter à
décider (se) à
destiner à
dévouer (se) à
divertir (se) à
égayer (s') à
employer (s') à
encourager à
enseigner à
entendre (s') à
étudier (s') à
exceller à

exciter (s') à
exercer (s') à
exhorter (s') à
exposer (s') à
gagner à
habituer (s') à
inciter à
instruire à
intéresser (s') à
inviter à
mettre (se) à
parvenir à
passer à
persévérer à
se plaire à

pousser à
préparer (se) à
provoquer à
refuser (se) à
renoncer à
résigner (se) à
résoudre (se) à
réussir à
servir à
songer à
suffire à
tarder à, etc.
travailler à
viser à

REMARQUES

1. En général, **forcer, obliger, contraindre** gouvernent l'infinitif avec **à**, quand ils sont employés à la forme active; avec **de**, quand ils sont employés à la forme passive:

> **Je le forcerai *à* étudier.**
> **Il m'oblige *à* partir de bonne heure.**
> Mais: **Je suis obligé *de* partir de bonne heure.**
> **Je suis forcé *d'*étudier.**

2. Les verbes qui expriment une tendance, une exhortation à quelque chose, gouvernent généralement l'infinitif avec **à**:

> **Il m'exhorte *à* étudier.**
> **Elle m'encourage *à* parler français.**

3. L'expression anglaise *in*+**le participe présent** après un verbe, si cette expression ne signifie pas *while*+ **le participe présent**, s'exprime par **à+l'infinitif**:

> **Il a réussi *à* me trouver.**   *He succeeded in finding me.*

4. Remarquez que le verbe **avoir** gouverne l'infinitif avec **à.**

Avez-vous quelque chose *à* faire?
Non, je n'ai rien *à* faire.

Exercice

Traduisez en français:

1. Have you letters to write?
2. Yes, I have three to write.
3. I do not like to write letters.
4. My mother forces me to write letters.
5. I am going to invite my sister to visit me.
6. She will help me to do this work.
7. She likes to do it.
8. I shall succeed in finishing it, if she is here.
9. She will also teach me to play the piano.
10. I hope she will not be long in answering my letter.
11. We have decided to go out.
12. I have two friends to visit.
13. They invited me to come to see them.
14. We will have a good time singing and playing.
15. Have you learned to sing?
16. You must decide to learn.
17. My friends encouraged me to do so.
18. I have succeeded in singing very well.
19. This song is easy to sing.
20. I like to sing it.

Verbes Qui Gouvernent l'Infinitif avec *De*

1. Il y a des verbes qui exigent la préposition **de** devant l'infinitif:

Il se réjouit *de* vous voir.
Elle cesse *de* chanter.
Il vous conseille *de* le faire.

Verbes les plus communs qui gouvernent l'infinitif avec **de:**

s'absoudre de	demander (de ou à)	mander de
s'abstenir de	dépêcher (se) de	manquer (de ou à)
accorder de	désespérer de	méditer de
achever de	déterminer (de ou à)	mêler (se) de
affecter de	détester de	menacer de
s'apercevoir de	dire de	mériter de
appréhender de	discontinuer de	mourir de
avertir de	dissuader de	négliger de
s'aviser de	écrire de	obliger (de ou à)
blâmer de	s'efforcer de	offrir (de ou à)
brûler de	entreprendre de	omettre de
censurer de	essayer (de ou à)	ordonner de
cesser de	s'étonner de	oublier de
charger de	éviter de	pardonner de
choisir de	excuser (s') de	passer (se) de
commander de	fatiguer (de ou à)	permettre de
commencer (de ou à)	féliciter (se) de	persuader de
conjurer de	finir de	plaindre de
conseiller de	se flatter de	prier de
consoler de	forcer (de ou à)	proposer de
se contenter de	garder (se) de	recommander de
continuer (de ou à)	gronder de	refuser de
craindre de	se hâter de	regretter de
crier de	imaginer de	remercier de
décider (de ou à)	jouir de	soupçonner de
décourager (se) de	jurer de	tâcher de
défendre de	louer de	tenter de, etc.

REMARQUES

1. Dans une comparaison le verbe qui suit **que** (*than*) est précédé de la préposition **de:**

Il vaut mieux rester à la maison que *de* sortir ce soir.

2. L'infinitif s'emploie quelquefois dans une phrase au lieu du passé défini; il est alors précédé de la préposition **de:**

Et les soldats de courir. *And the soldiers fled.*

3. Tous les verbes qui signifient **crainte, défense, commandement** gouvernent l'infinitif avec **de:**

Je lui ai commandé *de* **venir.**
Il m'a défendu *de* **faire cela.**
Je crains *de* **le perdre.**

4. **Devoir** dans le sens de *owe* gouverne l'infinitif avec **de,** tandis que **devoir** dans le sens de *must, ought,* gouverne l'infinitif sans préposition:

Je lui dois *d'* **être ce que je suis aujourd'hui.**
C'est à moi qu'il doit *d'* **être riche.**
Mais: **Je dois étudier mes leçons.**

Exercice

Traduisez en français:

1. I advise you to speak to my brother.
2. You will soon have an opportunity to see him.
3. He stopped working an hour ago.
4. He will be glad to see you.
5. Ask him to tell you when he will be free.
6. Try to speak to him.
7. Haven't you the courage to enter?
8. He will not refuse to see you.
9. I am obliged to go.
10. I promised to be home early.
11. I am afraid of being late.
12. I shall leave now in order to arrive before ten o'clock.
13. I am going home to work.
14. Will you go without waiting for your brother?

15. After coming to get you he will want to find you here.
16. Tell him to return home at once.
17. Avoid speaking to him of what I told you.
18. Take care not to do it.

Infinitif Dépendant d'un Nom ou d'un Adjectif

I. Un infinitif qui dépend d'un nom ou d'un adjectif est, en général, précédé de la préposition **de:**

> **Il est temps *de* partir.**
> **Il est facile *d'*étudier cette leçon.**
> **Je suis content *de* partir.**
> **Il est digne *de* vous servir.**
> **J'ai l'intention *de* sortir.**
> **Il a envie *d'*aller en France.**

II. Cependant, si l'infinitif a un sens passif, c'est-à-dire si on peut le traduire par l'infinitif passif (*to be studied, written*, etc.), il est précédé de la préposition **à:**

> **Cette leçon est facile *à* étudier** (*to be studied*).
> **Cette eau est bonne *à* boire** (*to be drunk*).
> **Il m'a apporté des lettres *à* écrire** (*to be written*).
> **Il m'a dit quelque chose d'utile *à* savoir** (*to be known*).

III. Certains noms et certains adjectifs qui indiquent une aptitude, une tendance, un encouragement, une exhortation, une invitation, gouvernent toujours l'infinitif avec **à:**

> **Ce drame est un encouragement *à* rester toujours honnête.**
> **Il est habile *à* inventer des excuses.**
> **Il est bien difficile de guérir un homme de la tendance *à* se croire un génie.**
> **Je viens de recevoir une invitation *à* dîner.**

IV. Les mots **homme, femme, garçon, fille** gouvernent

l'infinitif suivant avec **à,** quand le sens est vraiment **capable de,** *likely to*:

> **Il est homme *à* vous trahir** (capable de vous trahir).

Infinitif après une Préposition

I. Toutes les prépositions en français gouvernent l'infinitif, excepté **en** qui gouverne le participe présent:

> **Il l'a fait sans penser.**

II. La préposition **après** gouverne l'infinitif passé (voir parag. I, page 159).

III. La préposition **avant** gouverne l'infinitif avec **de**:

> **Venez me parler avant *de* partir.**
> **Prenez ce médicament avant *de* manger.**

IV. Toutes les locutions terminées par **de** ou **à,** comme **afin de, de manière à, jusqu'à,** etc. . . . gouvernent l'infinitif:

> *Afin de* **réussir à parler français, il alla passer un an en France.**

V. To, signifiant **in order to,** s'exprime, en français, par **pour:**

> **Il a fait cela *pour* me faire plaisir.**
> **Travaillez *pour* apprendre.**

On n'emploie pas généralement **pour** après les verbes **aller, venir.** **Pour** devant un infinitif, après **aller** et **venir,** signifie que **l'on n'a pas réussi:**

> **Je suis allé *pour* vous voir,** signifie: **je suis allé, mais vous n'étiez pas chez vous, je n'ai pas réussi à vous voir.**

Si l'on veut exprimer tout **particulièrement** l'intention, on traduit *in order to* par **exprès pour:**

> **Je suis venu *exprès pour* vous voir.**

VI. L'infinitif qui dépend des adverbes **assez, trop,** est précédé de **pour:**

> Il est *trop* paresseux *pour* apprendre.
> Il est *assez* fort *pour* porter cette table seul.

De l'Infinitif Passé

I. **L'infinitif passé** s'emploie après un verbe ou après la préposition **après:**

> Je crois *avoir trouvé* mon livre.
> Après *avoir* beaucoup *marché*, il y est arrivé.

Exercice

Expliquez l'emploi de l'infinitif.

Je ne connais qu'une manière de voyager plus agréable que d'aller à cheval: c'est d'aller à pied. On part à son heure, on s'arrête à sa volonté. On n'a pas besoin de choisir des chemins tout faits, des routes commodes; on passe partout où un homme peut passer, on voit tout ce qu'un homme peut voir; et, ne dépendant que de soi-même, on jouit de toute la liberté dont un homme peut jouir. J'ai peine à comprendre comment un philosophe peut se résoudre à voyager autrement. Qui est-ce qui, ayant un peu de goût pour l'histoire naturelle, peut se résoudre à passer un terrain sans l'examiner, un rocher sans l'écorner, des montagnes sans les grimper, des cailloux sans chercher des fossiles?

Combien de plaisirs différents on rassemble par cette agréable manière de voyager!, sans compter la santé qui s'affermit et l'humeur qui s'égaye.

Questionnaire

1. Combien d'infinitifs y a-t-il en français?
2. Quelles sont les terminaisons de l'infinitif présent?

3. Les verbes en français gouvernent-ils le participe présent?
4. Comment les verbes en français gouvernent-ils l'infinitif?
5. Nommez quelques verbes qui gouvernent l'infinitif sans préposition.
6. Nommez quelques verbes qui exigent la préposition **à**.
7. Nommez quelques verbes qui exigent la préposition **de**.
8. Quand emploie-t-on **pour** après **aller** et **venir?**
9. Qu'exigent la plupart des noms et des adjectifs devant l'infinitif?
10. Nommez une préposition qui ne gouverne pas l'infinitif.
11. Quel infinitif est-ce que nous employons après la préposition **après?**
12. Quand un infinitif qui dépend d'un nom ou d'un adjectif est-il précédé de la préposition **à?**

Chapitre 32

Du Participe

Il y a en français le **participe présent, le participe passé**, et le **participe composé:**

donnant   **donné**   **ayant donné**

Participe Présent

I. Il y a en français deux formes en **ant;** l'une est un participe présent, l'autre est un adjectif verbal:

Il faut sourire tout en *obéissant* (participe présent).
Cette jeune fille est *obéissante* (adjectif verbal).

II. Le participe présent exprime toujours une **action,** tandis que l'adjectif verbal exprime un **état.**

Le participe présent exprime nécessairement une **action:**

1e. S'il a un **régime direct:**

Les élèves, *apercevant* l'équipe de foot-ball, poussèrent des hourras enthousiastes.

2e. Quand on peut le traduire par **qui** et une autre forme du verbe:

Les garçons, *arrivant* à l'école, remarquèrent que la porte n'était pas encore ouverte.
arrivant—qui arrivaient
Ma tante, *riant* et *pleurant* à la fois, m'embrassa avec émotion.
riant—qui riait   ***pleurant—qui pleurait***

3e. Quand le participe présent est précédé de **en** ou **tout en:**

Les jeunes filles, *tout en causant*, arrivèrent à la porte de l'école.
J'ai fini mes devoirs *en* vous *attendant*.

Participle Passé

Le participe passé peut s'employer sans auxiliaire ou avec un des auxiliaires **avoir** ou **être**.

I. Le participe passé, employé sans auxiliaire, s'accorde toujours (comme un adjectif ordinaire) avec le nom qu'il qualifie:

Une dame *estimée.*
Une leçon *finie.*

II. Le participe passé, conjugué avec l'auxiliaire **être,** s'accorde avec le sujet:

Elle est *allée* **à la maison.**
Ils sont bien *estimés.*

REMARQUE

Les verbes réfléchis sont conjugués avec **être,** mais le participe passé ne s'accorde pas avec le sujet. Il suit la règle du participe passé conjugué avec **avoir:**

Elle s'est *habillée* **vite.**
Nous nous sommes *lavés* **avec de l'eau chaude.**

III. Le participe passé, conjugué avec l'auxiliaire **avoir,** s'accorde avec le régime direct, si le régime direct précède le verbe. Il reste invariable, si le régime direct est après le verbe ou s'il n'y a pas de régime direct:

J'ai *écrit* **les lettres que vous avez** *reçues.*

Le participe passé **écrit** reste invariable parce que le régime direct **les lettres** est après le verbe. Le participe passé **reçues** s'accorde avec le régime **que** qui précède le verbe.

Elle a bien *chanté.*
Ils ont bien *dormi* **toute la nuit.**

Les participes passés **chanté, dormi** restent invariables parce qu'il n'y a pas de régime direct.

Voici les trois constructions dans lesquelles il est possible d'avoir le régime direct avant le verbe:

Quels livres avez-vous achetés?
Les livres que j'ai achetés.
Oui, Monsieur, je les ai achetés.

IV. Le participe passé suivi d'un infinitif s'accorde avec le régime direct qui précède, si ce régime direct modifie le participe passé, mais il reste invariable, si ce régime direct modifie l'infinitif:

Les histoires, que j'ai *entendu* **raconter, étaient intéressantes.**
J'ai entendu raconter quoi? **les histoires; que** est le régime de **raconter—entendu** est donc invariable.
La personne, que j'ai *entendue* **parler, habite en France maintenant.**
J'ai entendu qui? **la personne—que** est le régime direct de **entendue—entendue** est donc variable.

V. Les participes passés **pu, voulu** et **osé** sont invariables, quand ils ont pour régime direct un infinitif sous-entendu:

J'ai acheté tous les livres que j'ai *pu* **(acheter).**
Mais: **J'ai acheté tous les livres que j'ai** *trouvés.*

VI. Le participe passé **fait,** suivi de l'infinitif, est toujours invariable:

Je les ai *fait* **lire.**

VII. Si le régime direct est une expression comme **combien de, que de, autant de,** etc., le participe passé s'accorde avec le nom qui suit **combien de, que de,** etc.:

Combien de *livres* **avez-vous** *apportés?*
Combien de *lettres* **a-t-il** *écrites?*

VIII. Quelques verbes comme **courir, pousser,** et **peser,** s'emploient dans deux sens différents; ils sont transitifs ou intransitifs selon le sens:

> **Ils ont** *couru.*
> **Quels dangers a-t-il** *courus?*
> **Les fleurs ont bien** *poussé.*
> **Les vaches qu'il a** *poussées* **devant lui.**
> **Les quatre livres que ce beurre a** *pesé.*
> **La viande que vous avez** *pesée.*

IX. Le participe passé ne s'accorde jamais avec le pronom **en,** parce que **en** n'est pas un régime direct, mais il s'accorde avec **en** précédé de **combien, plus, moins,** si le sens est pluriel:

> **Il en a** *vendu.*
> **Il vous a donné tant de livres! combien en avez-vous** *lus?*
> **Plus il vous a donné de livres, plus vous en avez** *lus.*

REMARQUE

Le participe passé ne s'accorde jamais avec une expression qui indique **le poids, le prix, la distance, le temps,** car cette expression n'est pas un vrai régime direct:

> **Les trois heures que j'ai** *étudié* **m'ont semblé courtes.**

Participe Composé

Le participe composé se forme du participe présent de l'auxiliaire et du participe passé du verbe: **ayant chanté, ayant fini, ayant reçu, ayant perdu, étant allé,** etc.

Le participe présent de l'auxiliaire reste invariable et le participe passé s'accorde selon les règles d'accord du participe passé:

> **La cigale, ayant** *chanté* **tout l'été, n'avait rien à manger.**
> **Le professeur, les ayant** *aperçus,* **leur fit signe de venir.**

Exercice I

Mettez le participe convenable du verbe indiqué et expliquez l'accord du participe.

Ma pauvre nièce était (devenir) folle, ajouta le médecin. Après avoir été (séparer) de sa mère, elle fut (traîner), pendant deux ans, à la suite de l'armée. Elle restait des mois entiers sans soins; tantôt (garder) dans les hôpitaux, tantôt (chasser) comme un animal. Une fois, elle était (enfermer) avec des fous. En 1816, elle était dans une auberge de Strasbourg, où elle venait d'arriver, après s'être (évader) de sa prison. Elle avait (vivre) un mois entier dans une forêt et on l'avait (traquer) pour s'emparer d'elle. En (entendre) parler de cette fille, j'eus le désir de vérifier les faits.

Exercice II

Traduisez en français:

1. They always sing while working.
2. They are very amusing.
3. Yes, I have always found them amusing.
4. They are more amusing than some actors.
5. My sister went to the theater last night and she said that the play was very interesting.
6. There was one actor who played very well.
7. He also sang.
8. The songs that he sang were very pretty.
9. He had a fine voice.
10. Some of the actresses danced.
11. They also sang some pretty songs.
12. The last play that I saw was one of Molière's.
13. I always like his plays.
14. The characters are so natural.
15. They have amused me very much.

16. The comedy that I liked best was *Le Bourgeois Gentilhomme*.
17. It is one of his best comedies.
18. Have you seen it?
19. It is worth seeing.

Questionnaire

1. Quelle est la terminaison du participe présent?
2. Comment s'emploie-t-il?
3. Quand est-ce qu'il s'accorde?
4. Quelles sont les terminaisons du participe passé?
5. Quelle est la règle d'accord du participe conjugué avec **être?**
6. Quels verbes font exception à cette règle?
7. Quelle est la règle d'accord du participe conjugué avec **avoir?**
8. Quelle est la règle d'accord du participe passé suivi d'un infinitif?
9. Expliquez l'accord dans les verbes **courir, pousser, peser.**
10. Est-ce que le participe passé s'accorde avec le pronom **en?** Pourquoi pas?
11. Est-ce qu'il s'accorde avec **combien en?**

Chapitre 33

Le Subjonctif

L'Emploi du Subjonctif

Il y a deux sortes de propositions ou phrases: les propositions principales ou indépendantes et les propositions subordonnées ou dépendantes:

> **Vous pouvez faire cela** (proposition principale).
> **Je doute que vous puissiez faire cela.**
> **Je doute** (proposition principale) **que vous puissiez faire cela** (proposition subordonnée).

Le mode subjonctif ne s'emploie **jamais** dans une proposition principale; il ne s'emploie que dans une proposition subordonnée.

Subjonctif dans les Phrases Subordonnées Introduites par la Conjonction *Que*

I. On emploie le mode subjonctif dans une phrase subordonnée, introduite par la conjonction **que,** si la phrase principale exprime un acte de **la volonté,** tel que **le commandement, le désir, le souhait, le consentement, la défense:**

> **Je veux que vous m'***obéissiez*.
> **Mon père défend que je *joue* dans les matches de football.**
> **Désirez-vous que nous vous *accompagnions?***
> **Il préfère que vous *soyez* attentif.**
> **L'ordre du général est que ces soldats *fassent* l'assaut de cette colline.**

II. Si la phrase principale exprime **une émotion, un sentiment,** par exemple, **la joie, la colère, la honte, la crainte,** etc.:

> **Je suis désolé que vous** *ayez* **mal à la tête.**
> **Je suis content que vous** *soyez* **satisfait de cette chambre.**
> **Je crains que vous n'***ayez* **fait beaucoup de fautes dans cet examen.**
> **Il a peur que le radiateur de son auto ne** *soit* **gelé.**
> **Je suis étonné que vous** *parliez* **si couramment.**

REMARQUE

Après les verbes qui expriment **la crainte,** on met, généralement, **ne** devant le verbe de la phrase subordonnée, si la phrase principale est affirmative; de nos jours, toutefois, ce **ne** est facultatif:

> **Je crains qu'il** *ne* **vienne.**
> **(ou) Je crains qu'il vienne.**

Si le verbe de la phrase subordonnée est négatif, on met **ne . . . pas:**

> **Je crains qu'il** *ne* **vienne** *pas.*

Exercice

Traduisez en français:

1. What does your father want you to do? (that you do)
2. He wants me to work hard.
3. He is not afraid I shall be too industrious.
4. You want me to study my lessons very hard, do you not?
5. I am afraid that my father will punish me if I do not know them.
6. He is very kind but he requires me to do my work very well.
7. Now I am glad that he makes me work.

8. I think he wishes to teach me to be industrious.
9. I am glad that he wants me to acquire a great deal of knowledge.
10. He thinks that I can acquire it if I study.
11. I am not afraid to work because I wish to accomplish things that are worth while.

III. Si le verbe de la phrase principale exprime **le doute ou la négation:**

> **Je doute qu'il *ait* commis ce crime.**
> **Il nie que cela *soit* vrai.**

IV. Si le verbe de la phrase principale est impersonnel, excepté après les expressions qui indiquent la certitude ou la probabilité:

> **Il faut que vous *étudiiez* cette leçon.**
> **Il est possible qu'il *pleuve* demain.**
> **Il est rare qu'il *fasse* beau en cette saison.**
> **Il est juste que les criminels *soient* punis.**
> **Il vaut mieux que vous *partiez* ce soir.**

REMARQUES

1. Les expressions impersonnelles suivantes ne gouvernent pas le subjonctif:
Il est sûr.
Il est certain.
Il est probable.
Il est vraisemblable.
Il est évident.
Il est vrai.

Ces expressions gouvernent l'indicatif (voir paragraphe V).

> **Il est certain que nous *aurons* une réunion du cercle français ce soir.**
> **Il est probable qu'il *pleuvra* demain.**
> **Il est sûr qu'il y *a* une faute dans cette phrase.**
> **Il est évident que cet homme *est* étranger.**

2. Il semble . . . gouverne le subjonctif, mais **il me semble, il vous semble,** etc., . . . ne gouverne pas le subjonctif :

Il semble qu'il le *craigne*.
Il me semble qu'il le *craint*.

V. Quand la phrase principale est **négative** ou **interrogative,** pourvu qu'il y ait **doute** ou **incertitude:**

Je ne crois pas qu'il *fasse* beau demain.
Mais: **Je crois qu'il *fera* beau demain.**
Je ne suis pas sûr qu'il *puisse* le faire.
Mais: **Je suis sûr qu'il *peut* le faire.**
Pensez-vous qu'il *vienne* ce soir?
Mais: **Ne trouvez-vous pas que ce tableau *est* beau?** (certitude).
Il ne croit pas que je *suis* riche (**suis riche,** fait certain).

Exercice

Traduisez en français:

1. I must have that book tonight.
2. Must your friend have this one?
3. No, she does not want me to give her yours.
4. She thinks that you will need it.
5. I do not think that I shall need it; I have another one at home.
6. It will be better for me to go home. (that I go)
7. I think you are right; you will work better at home.
8. It is time for you to study (that you study) your lesson.
9. It is possible that you will not know it tomorrow if you do not study it now.
10. You are mistaken; I have already studied it.
11. It seems that you study a great deal.
12. My teacher wants me to study.

13. It seems to me that he is right to want me to study.
14. Don't you think a little girl should obey her teacher?
15. Certainly I think she should obey.
16. She must obey.
17. It is rare that children disobey their teachers.

Subjonctif dans les Phrases Relatives

On appelle **phrase relative** une phrase introduite par un pronom relatif. On emploie le subjonctif dans les phrases relatives:

I. Après un superlatif ou après certaines expressions, quand elles ont le sens exclusif d'un superlatif, comme **le seul, le premier, le dernier:**

> **Napoléon est un des plus grands génies que je _connaisse_.**
> **C'est le seul ami qui me _soit_ resté fidèle dans mon malheur.**
> **Vous êtes le premier qui _ait_ réussi à l'intéresser à ce sujet.**
> Mais: **C'est la seule faute qu'il _a_ faite** (certitude).
> **Le premier qui _arrivera_ dans la classe ouvrira les fenêtres** (aucune idée d'exclusion, fait certain).

II. Quand l'antécédent est négatif:

> **Je ne connais _personne_ qui _puisse_ vous aider.**
> **Il n'y a _rien_ qui _soit_ plus laid qu'une maison peinte en jaune clair.**

III. Quand il y a doute sur l'existence du fait exprimé dans la phrase relative:

> **Diogène cherchait un homme qui _fût_ honnête.**
> Mais: **Je veux un domestique qui est honnête** (si on ne veut pas exprimer de doute sur l'existence d'un domestique honnête).
> **Je veux acheter quelque chose qui convienne à mon père.**
> Mais: **Je sais un cadeau qui _conviendra_ à mon père.**

Subjonctif après les Locutions Conjonctives

On emploie le subjonctif après certaines locutions conjonctives qui renferment en elles-mêmes une idée de doute ou d'incertitude.

Voici certaines locutions conjonctives qui gouvernent le subjonctif:

afin que	quoique	pourvu que
de sorte que	à moins que	sans que
pour que	avant que	soit que—ou que
bien que	au cas que	non que
de peur que	jusqu'à ce que	supposé que, etc.

REMARQUES

1. Quand **que** remplace **si** ou une de ces conjonctions, il faut le subjonctif:

Si j'y vais et *qu'***elle y** *soit,* **je retournerai.**
Il attendra *que* **(jusqu'à ce que) vous** *arriviez.*

2. Les locutions suivantes: **de sorte que, de manière que,** gouvernent le subjonctif, quand elles signifient le but, le motif, et l'indicatif, quand elles expriment le résultat. La raison, c'est que le résultat, ayant été atteint, est un fait certain, tandis que le but est plus ou moins incertain:

Il s'est dépêché, de sorte qu'il *est* **arrivé à l'heure** **(résultat).**
Dépêchez-vous, de sorte que vous *arriviez* **à sept heures précises (but).**
Il a travaillé toute sa vie, de manière qu'il *est* **maintenant devenu millionnaire (résultat).**
Travaillez dur, de sorte qu'un jour vous *soyez* **à l'abri de la pauvreté (but).**

3. Les formes impératives *let him, let her, let them,* s'expriment en français par le subjonctif avec **que:**

Qu'il vienne. *Let him come.*

Exercice I

Traduisez en français:

1. Although my father punishes me, I love him.
2. He never punishes me unless I disobey him.
3. I must study for fear he will punish me.
4. Will you wait for me until I finish my work?
5. I must work so that my teacher will be pleased.
6. In case you do not wait, I'll come to your house.
7. I'll not come unless my friend arrives before three o'clock.
8. I'll not leave before she arrives.
9. Provided she comes, I shall go with you.
10. Will your mother be at home in case I wish to see her?
11. Tell her that we'll come unless I am ill.
12. Although she is at home I have not seen her for a long time.
13. I shall not be happy until I see her.

Exercice II

Traduisez en français:

1. If you go home and (*que*) your friend is not there, wait for her.
2. She will arrive before the play begins.
3. It is the best play that was ever written.
4. Wait until you see it.
5. You will be glad that you went to see it.
6. If she comes here and you have gone, I'll tell her.
7. Don't stay at home for fear it will rain.
8. Let it rain.
9. Ask your friend to go with you.
10. Let her come, if she wishes.
11. She will be glad that you asked her to go.

Subjonctive dans les Phrases Optatives

On emploie le subjonctif dans les phrases optatives, c'est-à-dire les phrases qui expriment une exclamation, un vœu, un souhait:

> **Vive le roi!**
> **Périssent les tyrans!**
> **Puissiez-vous vivre longtemps encore!**

REMARQUE

Ces phrases sont en réalité des phrases subordonnées dont les phrases principales sont sous-entendues:

> **Vive le roi!** = Je *souhaite* que le roi vive . . . .

Règle Générale

D'une manière générale, le subjonctif s'emploie quand on veut présenter une chose comme douteuse, indéterminée, soumise à une restriction quelconque:

> **Il est possible qu'il *pleuve* ce soir.**
> **Je crains qu'il ne *soit* malade.**
> **Pourvu que vous *soyez* attentif, je vous ferai comprendre cette règle.**
> **Le plus grand homme qui *ait* (peut-être) jamais vécu.**

L'indicatif au contraire s'emploie quand on présente, comme certaine, une chose qui se fait, s'est faite ou se fera:

> **Je suis sûr qu'il *pleuvra* ce soir.**
> **Je crois qu'il *est* malade.**
> **Il suppose que j'*ai appris* le français.**

Exercice I

Finissez les phrases:

1. Désirez-vous que nous—?
2. Il a peur que vous—.
3. Il ordonne que je—.

4. Elle craint que nous ne—.
5. Nous doutons qu'elle—.
6. Croyez-vous qu'ils—?
7. Non, je ne crois pas qu'ils—.
8. Nous désirons que vous—.
9. Voulez-vous qu'il—?
10. J'ordonne qu'ils—.

Exercice II

1. Faut-il que vous—?
2. Il est nécessaire que je—.
3. Il est temps que vous—.
4. Il semble que nous—.
5. Il vaut mieux qu'il—.
6. Il se peut que je—.
7. Il importe que vous—.
8. Il semble qu'ils—.
9. Il faut que je—.
10. Il est bon qu'ils—.

Exercice III

Mettez la forme convenable du verbe entre parenthèses et expliquez l'emploi du subjonctif:

1. Il désire que nous lui (donner) de l'argent.
2. J'ai peur qu'il ne le (perdre).
3. Bien que vous (avoir) cinq dollars, j'ordonne que vous ne lui (donner) pas d'argent.
4. Il faut que vous m'(obéir).
5. Il est temps qu'il (sortir), s'il désire arriver chez lui avant que son père (partir).
6. Au cas que son père ne (être) pas à la maison, il ira voir son oncle.

7. Il vaut mieux qu'il le (faire).
8. Croyez-vous qu'il y (aller)?
9. Il est nécessaire que vous y (aller) avec lui.
10. Il est probable qu'il (désirer) que vous (être) avec lui.

Exercice IV

Finissez les phrases suivantes, en mettant le verbe en italique à la forme convenable:

1. Napoléon est le plus grand général qui *avoir vécu*.
2. Londres est la plus grande ville qui *être* au monde.
3. Étudiez ferme pour qu'un jour vous *savoir* parler couramment le français.
4. Il a bien travaillé toute sa vie, de sorte que maintenant il *être* riche.
5. Il me semble que vous *avoir copié* ce devoir.
6. Il est possible que je *aller* en France cet été.
7. Mon oncle m'a envoyé de l'argent et maintenant il est certain que je *aller* à Paris cet été.

Emploi des Temps du Subjonctif

I. Lorsque le verbe de la proposition principale est au présent ou au futur, on met le verbe de la proposition subordonnée au présent du subjonctif, pour exprimer une action présente ou future par rapport au premier verbe; au parfait du subjonctif, pour exprimer une action passée:

> **Je désire que vous** *veniez* **me voir** (action présente ou future).
> **Je désire que vous** *ayez fini* **vos devoirs avant huit heures** (action passée).

II. Lorsque le verbe de la proposition principale est à un temps passé ou au conditionnel, on met le verbe de la proposition subordonnée à l'imparfait du subjonctif pour exprimer une action présente ou future; au plus-que-parfait du subjonctif pour exprimer une action passée:

Je désirerais qu'il vînt me voir.
    qu'il vînt (action présente ou future).
Je désirerais qu'il eût fini ses devoirs avant huit heures.
    qu'il eût fini (action passée).

REMARQUE

Dans la langue courante les Français évitent autant que possible l'imparfait du subjonctif, surtout les formes 1ères et 2èmes personnes du singulier et du pluriel dont le son n'est pas très agréable à l'oreille. On n'emploie guère que la troisième personne du singulier, excepté dans le style littéraire. On emploie souvent le présent du subjonctif au lieu de l'imparfait après un conditionnel:

Je voudrais que vous vinssiez me voir (forme littéraire).
Je voudrais que vous veniez me voir (forme populaire).

Exercice

(a) *Mettez les verbes entre parenthèses au mode convenable.*
(b) *Changez les phrases au passé.*

1. Je ne pense pas qu'elle (répondre) à votre lettre avant que vous (retourner) de Paris.
2. Il faut que vous y (travailler).
3. Au cas que vous (avoir) besoin d'argent, je vous en enverrai.
4. Pourvu qu'elle (venir) me voir, je suis satisfait.
5. J'attends qu'il (avoir fini) son travail.

Questionnaire

1. Dans quelle proposition emploie-t-on le subjonctif?
2. Qu'exprime le subjonctif?

3. Quels verbes exigent le subjonctif?
4. Quand emploie-t-on le subjonctif après **croire, penser,** etc.?
5. Nommez quelques verbes impersonnels qui exigent le subjonctif. Ex.
6. Quand est-ce que nous l'employons dans une phrase relative? Donnez des exemples.
7. Après quelles locutions conjonctives emploie-t-on le subjonctif? Ex.
8. Expliquez l'emploi du subjonctif après le superlatif.
9. Quand emploie-t-on le parfait du subjonctif? Ex.
10. Quand emploie-t-on le présent du subjonctif? Ex.
11. Expliquez l'emploi de l'imparfait du subjonctif. Ex.
12. Expliquez l'emploi du plus-que-parfait du subjonctif. Ex.

Chapitre 34

De l'Adverbe

L'adverbe est un mot invariable qui modifie les adjectifs, les verbes et les adverbes eux-mêmes:

Elle est *très* jolie.
Il marche *rapidement*.
Il parle *bien* *couramment*.

Les principaux adverbes sont ceux de:

I. Lieu: ailleurs, dedans, dehors, dessous, dessus, loin, là, où, etc.

II. Temps: aujourd'hui, hier, alors, jamais, autrefois, souvent, bientôt, tard, déjà, toujours, demain, etc.:

Je ne sors pas *aujourd'hui*, je partirai *demain*.

III. Quantité: beaucoup, combien, etc.:

Il y a *beaucoup* de crayons. (Voir page 11.)
Combien de crayons avez-vous?

IV. Affirmation: certainement, oui, si:

Certainement je le ferai.
Oui, je le sais.

V. Négation: Non; ne—pas; ne—point; ne—jamais; ne—plus; ne—guère; ne—ni . . . ni. (Voir page 200.)

Il n'a pas ce stylo.
Elle n'a point parlé.
Il n'est jamais chez lui.
Il n'en parlera plus.
Il n'en parle guère.
Il n'a ni parents ni amis.

1. Nous **supprimons ne** dans une négation si la phrase est elliptique, c'est-à-dire s'il n'y a pas de verbe:

Avez-vous une lettre?   Non, *pas* de lettre.

2. Il est permis d'omettre **pas** avec les verbes **cesser, oser, pouvoir** et **savoir:**

Je ne peux sortir.
Je n'ose chanter, etc.

3. **Pas** est le seul adverbe qui puisse modifier **beaucoup:**

Avez-vous beaucoup de livres?   *Pas* beaucoup.

4. **Ne pas, ne plus,** etc., employés avec l'infinitif du verbe, généralement se placent sans séparation devant l'infinitif:

Il aime mieux *ne pas* chanter.
Il vaut mieux *ne jamais* mentir.

5. **Bien, beaucoup, mieux, trop** et **tant** précèdent l'infinitif:

Je suis venu ici pour *mieux* voir.

VI. Ordre: **d'abord, ensuite, premièrement,** etc.:

D'*abord* j'expliquerai la règle.

VII. Manière: **bien, mal, agréablement, poliment:**

Il prononce *mal*.

La Formation de l'Adverbe de Manière

I. Nous formons l'adverbe de manière en ajoutant **ment** au féminin de l'adjectif:

facile	**facilement**
actif	**activement**
doux	**doucement**

REMARQUE

Si l'adjectif se termine au masculin par une voyelle,
nous ajoutons **ment** au masculin:

poli   poliment

EXCEPTION

gai   gaiement

II. Quelques adjectifs terminés par **e** changent **e** en **é**
avant d'ajouter **ment**:

aveugle	aveuglément
immense	immensément
conforme	conformément
commode	commodément
énorme	énormément
uniforme	uniformément

III. Quelques adverbes se forment en ajoutant **é** au
masculin de l'adjectif + **ment**:

précis	précisément
obscur	obscurément
profond	profondément
commun	communément

IV. Les adjectifs en **ant, ent,** changent généralement
nt en **mment**:

constant	constamment
prudent	prudemment

EXCEPTION

lent   lentement

V. Davantage et **plus** ont la même signification en
anglais. **Davantage** ne peut modifier qu'un verbe, tandis
que **plus** modifie un adjectif ou un adverbe:

> **Mon frère est convalescent maintenant; il est *plus*
> fort; il marche *plus* loin sans se fatiguer et il mange
> *davantage.***

VI. Plus tôt en deux mots est le comparatif de **tôt** et signifie *sooner, earlier*. **Plutôt** en un mot est un adverbe qui signifie *rather*.

VII. Distinction entre **oui, si, non. Oui** s'emploie dans une réponse affirmative; **non** dans une réponse négative; **si** dans une réponse affirmative à une question négative:

> **Aimez-vous le café?** *Oui*, **je l'aime;** *non*, **je ne l'aime pas.**
> **N'aimez-vous pas le café?** *Si*, **je l'aime beaucoup.**

VIII. Oui et **non** sont souvent précédés de la conjonction **que** après les verbes **penser, croire, dire, espérer,** pour traduire *yes, no, not, so:*

> **Je crois que oui.** *I think so.*
> **Je pense que non.** *I think not.*
> **Il ne fera pas cela, n'est-ce-pas? Je crois que si.**
> *I think so, I think that he will.*

Exercice

Formez les adverbes en donnant les règles:

grand	nouveau	attentif
facile	cruel	joyeux
généreux	poli	difficile
constant	vrai	complet
énorme	premier	éloquent
profond	commun	fréquent

Comparaison de l'Adverbe

I. Il y a trois degrés de comparaison de l'adverbe: **le positif, le comparatif et le superlatif.**

Le comparatif et le superlatif de l'adverbe se forment comme le comparatif et le superlatif de l'adjectif, excepté qu'au superlatif l'article défini reste toujours au masculin:

Positif	Comparatif	Superlatif
souvent	plus souvent moins souvent aussi souvent	le plus souvent le moins souvent
vite	plus vite moins vite aussi vite	le plus vite le moins vite

II. Quelques adverbes ont la comparaison irrégulière. Ce sont:

Positif	Comparatif	Superlatif
bien	mieux	le mieux
mal	pis plus mal	le pis le plus mal
peu	moins	le moins

L'Emploi de l'Adverbe

I. Certains adjectifs peuvent être employés comme adverbes, comme **bas, bon, cher,** etc. Ils restent invariables:

> **Il parle** *bas.*
> **Je paye** *cher.*
> **Cette pêche sent** *bon.*   (Voir page 31.)
> **Il va** *droit.*   *He goes straight.*
> **Elle s'arrête** *court.*   *She stops short.*
> **Elle chante** *juste* (*faux*).   *She sings in tune,* (*out of tune*).
> **Il parle** *haut* (*bas*).   *He speaks loud* (*low*).
> **Cela sent** *mauvais* (*bon*).   *That smells bad* (*good*).
> **Tenez** *bon.*   *Stand firm.*
> **Nous voyons** *clair.*   *We see clearly.*

II. Tout employé comme adverbe est invariable, sauf

quand il précède un adjectif féminin qui commence par une
consonne ou une **h** aspirée:

> **Il est *tout* désolé.**
> **Elle est *toute* désolée.**
> **Ils sont *tout* désolés.**
> **Elles sont *toutes* désolées.**

III. Même employé comme adverbe signifie *even:*

> **Elle n'a *même* pas répondu à ma lettre.**

IV. En et **y** sont vraiment des pronoms personnels
régimes, mais ils traduisent les adverbes anglais *from there,
there:*

> **Vient-il de Paris?**
> ***En* vient-il?** (en =*from there*)
> **Allez-vous à Paris?   Oui, *j'y* vais** (y =*to it, there*).
> ***Y* allez-vous aussi?**

La Position de l'Adverbe

I. L'adverbe se place généralement après le verbe ou
après l'auxiliaire, presque jamais entre le sujet et le verbe:

> **Il me donne *souvent* de l'argent.**
> **Il a *bien* parlé.**

II. Quelques adverbes comme **aujourd'hui, hier, ici,
partout, tôt, tard, autrefois, là, demain, ailleurs,** etc.,
ne se placent jamais entre l'auxiliaire et le participe passé;
ils suivent le participe passé ou se placent au commencement
de la phrase:

> **Il est venu *aujourd'hui.***
> ***Aujourd'hui* il fait froid.**
> **Il l'a cherché *partout.***
> **Il sera parti *demain.***

Page cent quatre-vingt-quatre (184)

REMARQUE

Un adverbe en français ne saurait être sujet d'un verbe.

Remarquez le sujet **ce** dans les phrases suivantes:

Aujourd'hui *c'est* **jeudi.**   *Today is Thursday.*
Demain *ce* **sera vendredi.**   *Tomorrow will be Friday.*
Hier *c'était* **mercredi.**   *Yesterday was Wednesday.*

III. Les adverbes en **ment** qui ont plus de trois syllabes se placent en général après le participe passé:

Il a parlé très *éloquemment.*
Il s'est retiré *précipitamment.*
Il a pleuré *abondamment.*

IV. L'adverbe **assez** précède toujours un adjectif ou un autre adverbe en français:

Il est *assez* **riche.**
Il vient *assez* **souvent.**

V. Les adverbes de quantité comme **beaucoup, trop, peu, tant,** et quelques adverbes courts de manière comme **bien, mal, mieux,** etc., précèdent en général l'infinitif:

Il ne faut pas *trop* **travailler.**
Essayez de *mieux* **écrire.**
Je suis obligé de *tant* **étudier!**

Exercice

Traduisez en français:

1. I like our apartment better than that one.
2. We have an elevator and go up more quickly.
3. We generally go straight to the third floor.
4. However, we sometimes stop short on the second.
5. Is there often an elevator in the buildings in Paris?
6. No, we haven't any in ours but we go up stairs easily.

7. Our apartment is poorly (badly) lighted; it is more poorly lighted than yours.
8. It is lighted with gas which sometimes smells badly.
9. It is always well heated.
10. Formerly it was not well heated but now it is the best heated one in the building.
11. Do you always have a good janitor?
12. Certainly; he is never far from the door and he always keeps the stairs very clean.
13. He brings up the letters rather often, too.
14. He always sings in a low voice while working.
15. The more he works the more we pay him.
16. That is very expensive.
17. There are a great many people in this building.
18. There are some who talk loud, but that is not so disagreeable as those who sing out of tune.
19. When we speak to the janitor about it he always asks them to speak low.
20. If they refuse he stands firm.
21. I should also like to ask those who sing to sing in tune.

Questionnaire

1. Qu'est-ce qu'un adverbe?
2. Qu'expriment les adverbes?
3. Quel adverbe peut modifier **beaucoup?**
4. Avec quels verbes peut-on omettre **pas?**
5. Quelle est la différence entre **plus tôt** et **plutôt?**
6. Comment forme-t-on l'adverbe?
7. Comment forme-t-on l'adverbe des adjectifs qui se terminent en **nt?**
8. Comment forme-t-on l'adverbe des adjectifs suivants: **précis, conforme, immense, profond?**
9. Quelle est la différence entre **plus** et **davantage?**
10. Faites la comparaison des adverbes suivants: **bien, mal, peu.**
11. Où place-t-on l'adverbe?   Ex.

12. Quand l'adverbe **tout** est-il variable?
13. Où place-t-on l'adverbe **assez?**
14. Nommez quelques adverbes qui ne se placent jamais entre l'auxiliaire et le participe passé.
15. Nommez quelques adverbes qui précèdent généralement l'infinitif.

Chapitre 35

De la Conjonction

I. **La conjonction** est un mot invariable qui sert à unir deux mots, deux parties de phrases, ou deux propositions:

> **Mon père *et* mon frère sont ici.**
> **Je vous verrai *quand* je viendrai.**
> **Il n'est *ni* à la maison *ni* à l'école.**

REMARQUE

Ni—ni exige **ne** devant le verbe:

> **Il *n*'a ni parents ni amis.**

II. Il y a deux sortes de conjonctions: celles de **coordination,** qui servent à lier les mots entre eux et les propositions indépendantes entre elles; et celles de **subordination,** qui servent à unir une proposition subordonnée à la principale.

Quelques conjonctions de **coordination** sont: **et, ou, ni, mais, car,** et **donc:**

> **J'ai le livre *et* le crayon.**
> **Avez-vous vu mon cahier *ou* mon stylo?**
> **Je n'ai *ni* papier *ni* stylo.**
> **Il est sorti *mais* il reviendra.**
> **Je ne l'ai pas acheté, *car* je n'avais pas d'argent.**
> **Je pense, *donc* je suis.**

REMARQUES

1. **Et**—**et** (*both, and*)
   Ni—**ni** (*neither, nor*)
   Ou—**ou** (*either, or*)

> **J'ai vu *et* le père *et* la mère.**

2. *Either, nor—either,* employés seuls, sans corrélations, se traduisent par **non plus:**

> **Je ne sais pas. Ni moi *non plus.***
> **Je n'ai pas étudié *non plus.***

III. Parmi les conjonctions de **subordination** il y a: **comme, lorsque, que, aussitôt que, dès que, quand, si, pendant que, parce que, après que, avant que, afin que,** etc. Quelques-unes exigent l'indicatif et d'autres le subjonctif. Pour les conjonctions qui gouvernent le subjonctif, voir page 172.

> **Je partirai avant que vous soyez de retour.**
> **Je partirai aussitôt que vous serez de retour.**

REMARQUES

1. **Que** ne gouverne pas le subjonctif excepté quand il remplace une conjonction qui gouverne le subjonctif ou quand il remplace **si:**

> **Attendez *qu'*il revienne (que** remplace **jusqu'à ce que).**
> **Il faut vous punir, pour que vous fassiez attention à l'avenir et *que* vous ne répétiez plus cette faute (que** remplace **pour que).**
> **Si vous parlez français et *que* vous puissiez vous faire comprendre, vous ferez un voyage à la fois agréable et instructif (que** remplace **si).**

2. **Que** s'exprime toujours en français, même s'il est sous-entendu en anglais:

> **Je pense *qu'*il ira chez lui.** *I think he will go home.*

Quand et *Lorsque*

Quand et **lorsque** ont le même sens en anglais, mais **quand** s'emploie aussi comme adverbe interrogatif. **Lorsque** ne s'emploie jamais dans une question:

> **Il était arrivé *lorsque* (ou *quand*) je suis arrivé.**
> ***Quand* est-il parti?**

REMARQUE

Il faut le **futur** en français après **quand, lorsque, dès que,** et **aussitôt que,** si l'idée exprimée est au futur:

Il reviendra quand la guerre *sera* **finie.**
Faites cela aussitôt que vous *arriverez* **à la maison.**

(Pour l'emploi des temps après si, voir page 137.)

Depuis que, Puisque

Depuis que et **puisque** signifient en anglais *since*. **Depuis que** indique une idée de temps, **puisque** une idée de cause:

Il est bien triste *depuis que* **son père est mort.**
Puisque **vous êtes ici, aidez-moi à écrire cet exercice.**
Je dois prendre l'omnibus, *puisque* **mon automobile est en réparation.**

Exercice

Remplacez le mot anglais par la conjonction convenable:

1. Paul, où alliez-vous ce matin (when) je vous ai rencontré?
2. J'allais voir mon cousin; je ne l'ai pas encore vu (since) il est de retour de France.
3. Je ne l'ai pas trouvé; il n'était (neither) à la maison (nor) au collège.
4. Si vous avez le temps et (if) vous ayez envie de le voir aussi, accompagnez-moi.
5. Attendez (until) il fasse beau temps et nous irons tous ensemble faire une longue promenade en automobile, (since) mon automobile sera réparée.
6. (When) les réparations seront-elles terminées? L'employé m'a dit que l'automobile sera prête (either) lundi (or) mardi de la semaine prochaine.
7. Eh bien! j'accepte avec plaisir votre aimable invita-

tion, mais téléphonez-moi un peu auparavant, (so that) je sois prêt à partir (when) vous viendrez me chercher.

8. Je n'aime (neither) à attendre (nor) à faire attendre. (Neither do I.) — moi — .

Questionnaire

1. Qu'est-ce que c'est que la conjonction?
2. Quelles sont les deux sortes de conjonctions?
3. Peut-on omettre la conjonction **que** en français?
4. Comment exprime-t-on **either** dans une phrase elliptique (sans verbe)?
5. Quand faut-il le subjonctif après **que?**
6. Quand faut-il le futur après **quand?**
7. Est-ce qu'on peut employer **quand** comme adverbe interrogatif?
8. Est-ce qu'on peut employer **lorsque** comme adverbe interrogatif?
9. Quelle est la différence entre **depuis que** et **puisque?** Ex.

Chapitre 36

De la Préposition

La préposition est un mot invariable qui exprime le rapport entre deux autres mots:

> **Elle est *avec* mon père.**

Les principaux rapports sont ceux:

1. De **but:**
   > **Il part *pour* Paris.**
   > **Il va *à* Paris.**

2. De **lieu:**
   > **Il demeure *à* Londres.**
   > **Le livre est *sur* le bureau.**

3. De **temps:**
   > **Il le finira *dans* une heure.**
   > **Il y était *pendant* deux heures.**
   > **Il y ira *pour* trois mois.**

4. De **possession:**
   > **C'est le crayon *de* Marie.**

5. D'**union:**
   > **Il ira *avec* nous**

Les principales prépositions sont:

à	depuis	jusqu'à	sauf
après	derrière	malgré	selon
avant	dès	outre	sous
avec	devant	par	suivant
chez	durant	parmi	sur
contre	en	pendant	vers
dans	entre	pour	
de	envers	sans	

À, Dans, et En

I. Les prépositions **à, dans,** et **en,** expriment le rapport de lieu.

1. **À** s'emploie devant les noms des villes pour exprimer *in* ou *to:*

> **Elle était *à* Paris, *à* Londres, etc.**
> Mais: **Au Havre, *à la* Nouvelle-Orleans, *à la* Haye.**

2. **À** s'emploie avec l'article devant les noms des pays masculins:

> **Nous sommes *au* Canada, *au* Mexique, etc.**

3. **En** s'emploie devant les noms des pays féminins:

> **Il va *en* France, *en* Italie, etc.**

REMARQUE

En s'emploie généralement devant un nom non qualifié et **dans** devant un nom qualifié.

> ***Dans* la belle France.**

4. **À, dans,** et **en** expriment aussi le rapport de temps:

> **J'y arriverai *à* trois heures.**
> **Il le fera *en* deux heures (pendant deux heures).**
> **Il le fera *dans* deux heures (après deux heures).**

(Pour l'emploi de la préposition **à** après quelques verbes, noms, etc., voir page 152.)

REMARQUE

À s'emploie aussi dans le sens d'**avec:**

> **Donnez-moi du café *au* lait.**

De

II. La préposition **de** s'emploie:

1. Devant le nom d'une ville ou d'un pays féminin:

C'est la ville *de* Paris.
Il est *de* Paris.
Il vient *de* France.

2. Devant le nom d'un pays masculin avec l'article.

Ils sont venus *des* États-Unis, *du* Mexique.

3. Après quelques adjectifs tels que: **plein, content, heureux, sûr, fâché,** etc.:

La rue est pleine *de* boue.
Je suis content *de* mon travail.
Il est sûr *de* son affaire.

4. Après quelques verbes passifs, tels que: **étre aimé, couvert, estimé, honoré, rempli, suivi, précédé,** etc.:

Nous sommes aimés *de* nos parents.
Il est estimé *de* tout le monde.
Ce verbe est suivi *de* l'infinitif.

REMARQUES

1. On emploie **par** aussi après ces verbes:

Par **qui sommes-nous aimés? Nous sommes aimés *par* nos amis.** De cette façon on ajoute de la force à *by*.

2. **Par** marque aussi le passage, le moyen, la cause, le motif:

Il passera *par* Paris.　**Il est estimable *par* ses talents.**
Il voyagera *par* terre.　**Elle le fait *par* curiosité.**

Devant et Avant

III. Les prépositions **devant** et **avant** signifient *before:* mais **devant** exprime un rapport de lieu et **avant** de temps:

Il a passé *devant* notre maison.
Il y est entré *avant* trois heures.

Page cent quatre-vingt-quatorze (194)

Chez

IV. Chez signifie généralement **à la maison de, dans le pays de:**

> Il est *chez* sa sœur.
> C'est ce qui arrive souvent *chez* nous.

Chez (sens figuré) signifie **parmi, dans le caractère de, etc.:**

> Cela se trouve *chez* les Français.
> *Chez* lui on trouve la sincérité.

Les principales locutions prépositives sont:

à cause de	au milieu de	vis à vis de
à côté de	au moyen de	etc.
à force de	autour de	
à l'exception de	avant de	
à travers de	en train de	
au devant de	jusqu'à	
au dessus de	loin de	
au dessous de	près de	
au lieu de	quant à	

> Il est resté à la maison *à cause de* son travail.
> Elle était assise à *côté de* moi.
> *A propos de* mon oncle, il est à Paris maintenant.
> Elle est allée *au devant de* vous.
> *Avant d'*aller chez lui, il ira faire une petite promenade.
> Elle était *près de* moi.

(Pour une étude plus détaillée des prépositions, voir appendice, page 202.)

Exercice I

Remplacez le mot anglais par la préposition convenable:

1. Je vous attendrai (at) sept heures, puis j'irai (to) ville.
2. (Instead of) m'attendre (at home) vous, venez (to my house) moi.

3. Est-ce que vous partez (for) Londres (at) six heures demain?
4. Mais oui, et je serai content (to) y aller parce que mes parents demeurent (in) cette ville.
5. Ma sœur sera (with) moi.
6. La maison (of) mon père est (in) Londres.
7. Mon père est (in) France (for) deux mois.
8. Je compte aller (to) Canada l'année prochaine.
9. Ce pays-là est plein (of) choses intéressantes, n'est-ce pas?
10. J'ai beaucoup d'amis qui sont venus (from) ce pays.

Expressions Idiomatiques:

Il agit **de cette manière.** *He acts in this way.*
Nous nous rangions **des deux côtés** de la rue. *We took our places on the two sides of the street.*

Exercice II

Traduisez en français:

1. Who is the little girl with brown hair?
2. That little girl in front of us is my niece.
3. She is with her father.
4. He is the man with white hair.
5. He has a cane in his hand.
6. They will arrive before us.
7. We must go as quickly as possible.
8. There are so many people on both sides of the street that it is hard to walk fast.
9. They always walk this way on Sunday.
10. Everybody is going to church at about half past ten.
11. After the service there are also a great many people on the street.

12. Then everybody is returning home.
13. The streets are filled with people.
14. Stay near me or I shall lose you.
15. I shall not enter the church without you.
16. Here we are in spite of the crowd.

Exercice III

Traduisez en français:

1. France is a beautiful country, isn't it?
2. I live in the United States but I spend a great deal of time in France.
3. I intend to go to Paris soon.
4. It is a delightful city.
5. Does your friend come from France or from Canada?
6. He lives in Canada but his father lives in Paris.
7. He likes Paris better than Canada.
8. He has also lived in England.
9. England is also a delightful country.
10. Would you like to live in Paris or London?
11. After living in Paris I should not like to live in London.
12. I like to live in the city.
13. I prefer the city to the country.
14. Which do you prefer?
15. I prefer the city in winter but in summer I like the country best.
16. Is your friend at home?
17. No, she is in town (en ville).

Questionnaire

1. Qu'est-ce qu'une préposition?
2. Une préposition est-elle variable?

3. Comment exprime-t-on **in this manner?**
4. Expliquez l'emploi de la préposition à.   Ex.
5. Quelle est la différence entre **de** et **par** après un verbe passif?
6. Quand emploie-t-on **en** et **dans?**   Ex.
7. Quelle est la différence entre l'emploi des prépositions **devant** et **avant?**
8. Quand emploie-t-on **chez?**
9. Nommez les principales locutions prépositives.
10. Employez-les dans des phrases.

Chapitre 37

La Négation

I. La partie essentielle de toute négation est **ne.** Point de négation dans une phrase qui contient un verbe sans employer **ne** devant ce verbe.

Excepté avec les verbes **pouvoir, savoir, cesser** et **oser,** la négation **ne** est toujours accompagnée d'un autre mot qui complète le sens négatif. En général ce second mot est **pas** ou **point:**

> **Il ne va pas à l'école.**
> **Mais il n'est point venu.**
> **Je ne veux point de cet argent.**

REMARQUE

Point est plus négatif que **pas.**

II. Dans une phrase qui contient un mot négatif comme **nul, nullement, aucun, aucunement, guère, jamais, plus** (dans le sens de *no longer, no more*), **rien, personne, ni . . . ni,** on omet **pas** ou **point:**

> **Je** *n'***ai vu** *personne.*
> **Il** *n'***y va** *jamais.*
> **Je** *ne* **l'aime** *plus.*
> **Il** *n'***étudie** *guère.*
> **Il** *ne* **fait** *rien.*
> **Il** *n'***aime** *ni* **le café** *ni* **le thé.**

Position de la Négation

I. Ne précède toujours le verbe; **pas, point,** ou les autres adverbes négatifs suivent le verbe ou l'auxiliaire:

> **Il** *ne* **m'a** *pas* **vu.**
> **Je** *ne* **le ferai** *plus.*
> **Il** *ne* **le veut** *nullement.*

Page cent quatre-vingt-dix-neuf (199)

II. Rien, personne, nul, aucun, peuvent être sujets ou régimes et, par conséquent, changent de position dans la phrase suivant la fonction qu'ils y exercent:

> *Personne* ne l'a vu.
> Il n'a vu *personne.*
> Je n'ai parlé à *personne.*
> *Nul* ne m'a averti.
> Je n'ai *nulle* inquiétude.
> Il ne prend *aucun* soin de ses affaires.

III. Rien employé comme régime direct suit l'auxiliaire dans un temps composé:

> Il ne m'a *rien* dit.
> Mais: Il ne m'a parlé *de rien.*

IV. Les négations **ne . . . pas, ne . . . point, ne . . . plus, ne . . . rien, ne . . . jamais,** précèdent généralement l'infinitif et ne sont point séparées:

> Je regrette de *ne pas* l'avoir vu.
> Il m'a supplié de *ne jamais* y aller.
> Il promet de *ne rien* dire.

Négation dans une Phrase sans Verbe

Dans une phrase elliptique, c'est-à-dire une phrase sans verbe, on omet **ne** et on emploie seulement le second mot négatif, **pas, point, rien,** etc.:

> Venez avec moi.   Non, *pas* aujourd'hui.
> Est-il arrivé?   *Pas* encore.
> Qui vous a dit cela?   *Personne.*

Ne Employé Seul

Après **que** dans le sens de **pourquoi,** on omet toujours **pas.** Après **si** dans une phrase qui exprime une condition et après les verbes **savoir, cesser, pouvoir, oser,** on peut employer **ne** seul sans autre mot négatif:

> **Que *ne* l'avez-vous fait plus tôt?**
> **Si je *ne* me trompe, mon père le connaît.**
> **Je *ne* sais, je *n*'ose, je *ne* peux.**

Ne dans les Propositions Subordonnées

On trouve souvent **ne** devant le verbe dans une proposition subordonnée. Ce **ne** n'est pas négatif et n'est plus absolument nécessaire de nos jours; beaucoup d'écrivains modernes l'omettent.

I. Ce **ne** se place dans les propositions subordonnées qui dépendent des verbes qui expriment l'idée de **peur, crainte,** quand ces verbes ne sont ni négatifs ni interrogatifs:

> **Je crains qu'il *ne* soit malade.**
> **Il a peur que vous *ne* le battiez.**
> Mais: **Il n'a pas peur que vous le battiez.**
> **Craignez-vous que je vous batte?**

II. Après les verbes **empêcher, éviter:**

> **Empêchez qu'il *ne* fasse cette faute.**

III. Après les conjonctions **de peur que, de crainte que, à moins que, avant que:**

> **De peur que nous *n*'arrivions en retard.**

IV. Après les mots **autre, autrement, plutôt, plus tôt,** et souvent après les comparatifs:

> **Il est tout autre que je *ne* pensais.**
> **Il est plus riche que je *ne* le suis.**

V. Avec les temps composés, après **il y a, voilà, depuis:**

> **Voilà trois ans que je *ne* l'ai vu.**
> **Il y a deux jours que je *n*'ai fait une promenade.**

Appendice

Les Prépositions

About

I. S'exprime par **à peu près** ou **environ**, quand il modifie une expression qui indique une durée de temps, un nombre ou une quantité:

> Il m'a fallu *à peu près* trois jours pour aller de notre ville à Philadelphie.
>
> J'ai perdu *environ* (*à peu près*) trois mille francs.

II. Il s'exprime par **vers** quand il modifie une date ou l'heure:

> Je suis arrivé ici *vers* le quinze janvier.
>
> Cela s'est passé *vers* l'an 1815.
>
> Il est arrivé chez moi *vers* quatre heures et nous avons discuté l'affaire *à peu près* trois heures.

III. Quand il signifie **dans ma poche** ou **with**, il s'exprime par **sur**:

> Je regrette bien, mais je n'ai pas d'argent *sur* moi.

IV. Devant un infinitif, il s'exprime par **sur le point de**:

> Il est *sur le point de* partir.

V. Dans le sens de **concernant une personne ou une chose**, il s'exprime par **au sujet de** ou **à l'égard de;** ou quelquefois tout simplement **de**:

> Je suis venu vous consulter *au sujet de* la position dont vous m'avez parlé.
>
> Il m'a parlé *de* cette affaire.

VI. *About* dans le sens de *around* s'exprime par **autour de:**

> Regardez *autour de* vous.
> *Autour de* la place.

VII. Idiotisme: This story is about . . .

> Dans cette histoire il s'agit de. . . .

After

I. En général, **après:**

> Je suis arrivé *après* lui.

II. Quelquefois, il s'exprime aussi par **au bout de** avec les expressions de temps:

> Il parlait couramment le français *au bout de* trois mois de séjour en France.

III. Dans le sens d'imitation, il s'exprime par **d'après:**

> Ce tableau est peint *d'après* Raphaël.

IV. Dans le sens de ressemblance, on emploie **tenir de** ou **ressembler à:**

> Il *tient* cette bouche de sa mère.
> Il *ressemble à* son père.

V. L'idiotisme anglais *to inquire after* s'exprime par **s'enquérir de** ou **demander des nouvelles de.**

At

I. En général, **à:**

> *A* l'école, *à* table, *à* l'église.

II. Pour indiquer la demeure, le bureau, le magasin de quelqu'un, on exprime *at* par **chez:**

> *Chez* moi, *chez* le docteur, *chez* Wanamaker.

Before

I. Pour indiquer la place, on emploie **devant:**

> **J'ai un petit jardin** *devant* **la maison.**
> **Faites sécher cela** *devant* **le feu.**

II. Pour indiquer l'ordre, on emploie **avant:**

> **Il est arrivé** *avant* **moi.**
> **Le devoir** *avant* **le plaisir.**

III. Comme préposition, il s'exprime par **avant;** mais comme adverbe, il s'exprime par **auparavant:**

> **Comme je vous l'ai dit** *auparavant***, il est arrivé** *avant* **moi.**

IV. Quelquefois, en anglais, *before* s'emploie dans le sens de **de peur que, de crainte que;** c'est alors une conjonction:

> **Prenez cela vite,** *avant que* **je ne change d'avis.**

By

I. Après un verbe passif qui exprime une véritable action faite intentionnellement, volontairement, *by* s'exprime par **par:**

> **Nous étions poursuivis** *par* **l'ennemi.**
> **Le phonographe a été inventé** *par* **Edison.**
> **Cette table a été faite** *par* **ce garçon.**

II. Avec un verbe qui exprime une action indéfinie ou habituelle, ou une affection du cœur, on emploie plutôt **de:**

> **Ce garçon est aimé** *de* **tout le monde.**
> **Le guide passait suivi** *de* **tous ses touristes.**

III. Pour exprimer les mesures, **de:**

> **Il est plus grand que vous** *de* **cinq centimètres.**
> **Vous êtes plus âgé que lui** *de* **quatre ans.**

IV. Pour les dimensions, **sur:**

> **Cette chambre a cinq pieds de long *sur* six de large.**

V. Pour indiquer l'unité de mesure, **par:**

> **Cet appartement me coûte 100 francs *par* mois.**

VI. Voici quelques idiotismes:

> Il est dix heures **à** ma montre.
> **Près de** la rivière (*by the river*).
> **Seul** (*by myself*).
> **Au** mètre (*by the yard*).
> Molière est beaucoup plus connu **sous** ce nom que sous celui de Poquelin (*by that name*).

For

I. En général, **pour:**

> **Mon cousin est mort *pour* la patrie.**
> **Faites cela *pour* moi, je vous prie.**

II. *For,* quand il exprime la durée de temps, s'exprime par **pendant.** On peut aussi omettre la préposition:

> **J'ai été malade *pendant* trois jours.**
> **(ou) J'ai été malade trois jours.**

III. Après **partir,** on emploie **pour** pour indiquer la destination:

> **Il est parti *pour* la France hier matin.**

IV. Beaucoup de verbes qui, en anglais, prennent la préposition *for* emploient en français **de** devant l'infinitif et devant le régime qui représente la chose:

blâmer	plaindre
excuser	punir
féliciter	pardonner
louer	remercier

Je vous remercie *de* **votre bonté.**
Je vous remercie *d'***avoir fait cela.**
Il nous punira *d'***avoir manqué la classe.**
Félicite-moi *d'***avoir gagné la Croix de Guerre.**

V. Voici quelques idiotismes:

Aller chercher (*to go for*)
Envoyer chercher (*to send for*)
Venir chercher (*to come for*)
Bon à rien (*good for nothing*)
Quant à (as for)

Allez chercher mon livre, s'il vous plaît.

From

I. Généralement, **de:**

Il y a trois kilomètres *de* **chez moi à l'école.**
Je viens *de* **chez mon oncle.**

N. B.—Remarquez que **de** peut s'employer avec **chez.**
II. Devant une expression de temps, on emploie **à partir de:**

A partir de **ce jour.**
A partir de **1918.**

III. Quelques idiotismes:

D'aujourd'hui en huit.
Boire dans une tasse.

In

I. En général, *in* s'exprime par **dans:**

J'ai des billes *dans* **ma poche.**

II. *In* ou *to*, devant un nom de pays féminin, s'exprime par **en:**

Il habite *en* **France.**
Il est allé *en* **France.**

III. *In* ou *to* devant le nom d'une ville s'exprime par **à** sans l'article:

> **Il habite *à* Paris.**
> **Je vais *à* Paris.**

IV. *In* ou *to* devant un nom de pays masculin s'exprime par **à+l'article défini:**

> **Il habite *au* Canada.**
> **Je vais *au* Canada.**

V. *In* devant le nom d'une saison s'exprime par **en;** devant **printemps** on met **au:**

> **Il fait froid *en* hiver, mais il fait très chaud *en* été.**
> ***Au* printemps, les jours sont plus longs.**

VI. Après un superlatif *in* s'exprime par **de:**

> **Le meilleur élève *de* la classe.**
> **La plus grande ville *du* monde.**

VII. Avec une date *in* s'exprime par **en:**

> ***En* 1920.**

VIII. *In*+le **participe présent** s'exprime en français par **à+l'infinitif,** quand l'expression dépend d'un verbe.

Si l'expression ne dépend pas d'un verbe, *in* s'exprime par **en** avec le participe présent:

> **Il passe son temps *à* chanter.**
> **Il a réussi *à* prononcer cette nasale.**
> ***En passant*, j'ai regardé le lac.**

IX. *In* devant une expression de temps s'exprime par **dans,** quand *in* signifie **au bout de,** quand le sens est futur:

> **J'irai en France *dans* deux ans.**
> **Le train part *dans* deux heures.**

X. Si *in*, devant une expression de temps, exprime la durée présente, passée ou future, il s'exprime par **en:**

J'ai écrit ce devoir *en* une heure.
Vous pouvez aller d'ici à l'école *en* une demi-heure.
Je finis toujours ce travail *en* deux heures.

XI. *In* ne s'exprime pas généralement devant les mots **matin, soir, après-midi:**

> *Le matin*, **je préfère marcher, mais, *l'après-midi*, je prends l'omnibus.**

XII. On supprime généralement l'article défini après **en:**

En France.	*Exceptions:* **En l'honneur de.**
En hiver.	**En l'absence de.**
En ville.	

XIII. Idiotismes:

> *In time*, **à** temps

> **Il est venu *à temps*; moi, je suis arrivé en retard.**

> *In time* (éventuellement), **avec** le temps
> *In this manner*, **de** cette manière
> *In the country*, **à** la campagne
> *One in ten*, **un sur** dix
> *In the hands*, **entre** les mains
> *In my opinion*, **à** mon avis

Into

I. *Into* s'exprime, généralement, par **dans:**

> **Il est entré *dans* la chambre.**
> **Mettez cela *dans* cette boîte.**

II. Après les verbes qui indiquent un changement, une métamorphose, on emploie **en:**

> **Il se déguisa *en* père Noël.**
> **Le ruisseau se changea *en* torrent.**

III. Idiotisme:

Par dessus le marché (*in the bargain*).

Of

I. *Of* s'exprime, généralement, par **de:**

Une robe *de* soie.
Une montre *d'or*.

II. Pour exprimer, d'une manière plus spécifique, la substance dont une chose est faite, on emploie **en:**

Cette montre est *en* or.
Ce pont est fait *en* bois.

III. Idiotismes:

C'est très aimable **à** vous d'être venu me voir.
Docteur **en** médecine.
Licencié **en** droit.

On, Upon

I. Généralement, *on*, *upon* s'expriment par **sur:**

Mettez ce livre *sur* la table.

II. *On* quand il signifie **au moment de** s'exprime par **à:**

à sa mort.
à son arrivée.

III. *On* ne s'exprime pas devant les dates ou les jours de la semaine:

J'arriverai mardi.
Il vient toujours le mardi.
Il est mort le douze janvier.

IV. Idiotismes:

Cela dépend **de** vous.
Par une froide journée d'hiver.

Dans la rue.
En visite.
En route.
D'un côté, **de** l'autre côté.
A cheval.
A pied.
A droite.
A gauche.
Elle a une bague **au** doigt.
Ce soldat est **de** service aujourd'hui.
Au contraire.

Out

I. En général, *out* s'exprime par **hors de:**

> **Son ami l'aperçut aussitôt qu'il fut *hors de* la maison.**
> **A peine l'animal fut-il *hors du* trou que le chasseur le tua.**

II. Idiotismes:

> Madame est **sortie.** *Madam is out.*
> La lampe est **éteinte.** *The lamp is out.*
> Le feu est **éteint.** *The fire is out.*
> **Sur** six un seul a réussi.
> Ce garçon n'a pas de manières; il boit **à même** la bouteille (*out of the bottle*).

Through

I. Dans le sens de mouvement d'un point à l'autre, *through* s'exprime par **à travers:**

> **Ce train passe *à travers* cette forêt.**

II. Dans un sens moins précis, **par:**

> **Je suis passé *par* Paris.**

III. Dans le sens de **causé par, en raison de,** *through* s'exprime par **par:**

> Il accepta *par* crainte.

IV. Idiotismes:

> *Through and through,* **de part en part.**
> Lisez ce livre **d'un bout à l'autre.** *Read this book through.*

To

I. En général, *to* s'exprime par **à:**

> **J'ai vendu ce livre** *à* **mon camarade.**
> **Je suis allé** *à* **Paris.**

II. Quand *to* signifie **au magasin, au bureau, à la maison,** il s'exprime par **chez:**

> **Mon oncle m'a envoyé** *chez* **M. Dupont.**
> **Allez** *chez* **lui.**

III. Si *to* ne signifie pas **à la maison, au bureau,** etc., il s'exprime par **voir** ou **trouver:**

> **Je suis allé le** *voir.*   *I went to him.*
> **Il vint** *trouver* **le roi.**   *He came to the king.*

IV. Pour *to* devant le nom d'un pays, voir paragraphes II et IV, pages 206-207.

V. *To,* après le mot **chemin, entrée, train, route,** s'exprime par **de:**

> **C'est le train** *de* **Paris.**
> **Voilà l'entrée principale** *du* **Louvre.**
> **Veuillez m'indiquer la route** *de* **Versailles.**

VI. *To*, dans le sens de direction, s'exprime par **vers;** pour exprimer une tendance morale, on emploie **envers:**

> **Il lança la balle *vers* le mur.**
> **Il leva les yeux *vers* l'horizon.**
> **Il est charitable *envers* les pauvres.**

VII. *To*, après un nom qui exprime une fonction, s'exprime par **de:**

> **Médecin *du* roi.**
> **Secrétaire *du* Président.**

VIII. Idiotismes:

> Il a perdu **jusqu'à** son dernier ami.
> Écoutez **jusqu'au** bout.

Under

I. En général, **sous:**

> **Mettez cela *sous* la table.**
> **Défense d'afficher *sous* peine d'amende.**

II. Dans le sens de **à moins de** ou **plus bas,** *under* s'exprime par **au dessous de:**

> **Dans un match de boxe, il est défendu de frapper au dessous de la ceinture.**
> **Vous ne pourriez acheter un costume à moins de (ou) au dessous de 60 dollars.**

III. Idiotisme:

> *Under age*, un mineur.

With

I. Quand *with* signifie **en compagnie de, avec l'aide de,** ou indique l'instrument, la manière, il s'exprime par **avec:**

J'ai dîné *avec* mon cousin.
Il a fait cette table *avec* ces vieilles planches.
Il a coupé cette branche *avec* ce couteau.
Il répondit *avec* esprit à toutes les questions qu'on
lui fit.

II. Quand *with* ne signifie pas **en compagnie, avec
l'aide de,** mais plutôt **en conséquence de, par suite de,
de,** il s'exprime généralement par **de:**

Il est dégoûté *de* ce genre de romans.
Elle pleura *de* colère.
Il est content *de* son sort.
Ce verre est plein *de* lait.
Remplissez cette tasse *de* café.
Il tremble *de* froid.
Il est couvert *de* boue.

III. Quand *with* signifie **à la maison, parmi, dans le
pays de,** il s'exprime par **chez:**

Il demeure *chez* nous.
La coutume *chez* nous autres Français est de donner
congé le jeudi au lieu du samedi.

IV. *With,* entre deux noms, s'exprime par **à,** quand le
second nom exprime un trait caractéristique, un ornement,
un appendice:

Un vieillard *à* longue barbe blanche.
Un enfant *aux* yeux bleus.
Un chapeau *à* plumes bleues.
Un lit *à* colonnes.

V. Idiotismes:

Il a de l'influence **auprès de** cet homme.
A l'exception de.
A bras ouverts.
De bon appétit.
De tout mon cœur.

Within

I. Quand *within* signifie **dans les limites,** il s'exprime par **à portée de:**

> **Le canard apparut** *à portée de* **fusil** (*within gunshot*).
> **Le bateau se trouvait** *à portée de* **la voix** (*within hearing*).

II. Idiotismes:

> Je l'ai vu trois fois **dans un mois** (*within a month*).
> Il sait, **à quelques années près,** toutes les dates de l'histoire de France (*within a few years*).
> Il ne réussit pas à vivre **dans les limites** de son revenu (*within his income*).
> Il est **en mon pouvoir** de réussir (*within my power*).
> Il se dit **en lui-même** (*within himself*).
> Une voix **du dedans** (*from within*).

Without

I. *Without* s'exprime par **sans:**

> **Il a fait ce devoir** *sans* **faute.**

II. Idiotismes:

> Une voix **du dehors** (*from without*).
> Je ne puis pas **me passer de** mon déjeuner (*do without*).

Remarques sur Quelques Verbes
Première Conjugaison
Épeler

I. Quand *to spell* signifie **nommer les lettres d'un mot,** il se traduit par **épeler:**

>*Épelez* ce mot, s'il vous plait.
>
>Quand vous *épelez,* donnez aux lettres le son français et non le son anglais.

II. Si le verbe signifie **savoir l'orthographe,** on emploie les expressions **mettre l'orthographe, écrire, orthographier:**

>Comment *écrivez-vous* ce mot?
>
>Comment *s'écrit* ce mot?
>
>Il parle assez couramment, mais il ne sait pas *mettre l'orthographe.*

Divorcer

Avec **divorcer** on emploie la combinaison rare de **de** et **avec:**

>Madame Laurent, qui s'est remariée aujourd'hui, avait divorcé *d'avec* son premier mari.

Manquer

I. Pour exprimer le regret de l'absence ou de la mort de quelqu'un, on emploie **manquer à;** le sujet anglais devient le régime français et vice versa:

>Il me manque. *I miss him.*

II. Si *to miss* signifie littéralement **manquer quelqu'un ou quelque chose,** on emploie **manquer:**

>J'ai *manqué* le train.
>
>Le chasseur tira sur le lièvre mais le *manqua.*

Marier, Se Marier

I. Au sens de **présider à la cérémonie du mariage, unir en mariage,** on emploie **marier** à la forme active:

C'est ce ministre qui a *marié* ce couple.

II. Au sens de **s'unir en mariage avec quelqu'un,** on emploie **se marier avec** ou **épouser:**

Il *s'est marié avec* Mlle. Dupuis.
Il *a épousé* Mlle. Dubois.

III. *Married,* participe passé, au sens passif, s'exprime par **marié:**

Elle est mariée.
Une femme mariée.

Marcher, Se Promener

Différence entre **marcher** et **se promener.**
I. Marcher exprime seulement l'idée de **locomotion à pied.** **Se promener** signifie **marcher pour le plaisir ou pour l'exercice:**

J'aime à *me promener* sur les boulevards.
Le médecin m'a dit de *marcher* tous les jours une ou deux heures.

II. Marcher ne s'emploie jamais dans le sens **d'aller à un endroit:**

Je vais à l'école à pied. *I walk to school.*

III. Pour exprimer une distance faite ou à faire, **marcher** s'exprime par **faire:**

J'ai fait quatre kilomètres à pied aujourd'hui.

IV. Promener à la forme active signifie *to take out:*

Marie, il fait beau aujourd'hui; *promenez* le bébé une ou deux heures sur le boulevard.

Se promener signifie donc littéralement *to take oneself out* et s'emploie pour traduire plusieurs verbes anglais qui n'ont pas d'équivalent en français. Il suffit de spécifier après **se promener** le mode de locomotion employé:

> **Je me suis promené *en automobile*.**
> **Elle s'est promenée *en bateau*.**
> **Nous nous sommes promenés *à cheval*.**
> **(ou) Nous avons fait une promenade à cheval (en bateau, en voiture, en automobile, à bicyclette).**

V. S'il n'y a pas idée de plaisir ou d'exercice, mais seulement de **moyen de locomotion,** on emploie **aller** au lieu de **se promener:**

> **Je *suis allé* à l'école *en voiture* ce matin.** *I drove to school.*
> **Elle *est allée* à l'école *à bicyclette* (*en automobile*).** *She rode to school, she motored to school.*

VI. Pour exprimer une distance faite ou à faire, on emploie **faire + le mode de locomotion:**

> **J'*ai fait* trois lieues *à cheval*.** *I rode three leagues.*
> **Nous *avons fait* cinquante kilomètres *en automobile*.** *We motored.*

Mener, Porter

Différence entre **mener, amener, emmener,** et **porter, apporter, emporter.**

I. Mener et ses composés s'emploient pour les êtres animés.

Porter et ses composés s'emploient pour les choses:

> ***Amenez* votre ami demain soir.—Oh! je ne puis pas; je vais le *mener* au théâtre.** *Bring your friend.*
> ***Apportez* votre violon ce soir; nous ferons un peu de musique.** *Bring your violin.*

II. Mener et **porter** signifient **mener une personne** ou

porter une chose à l'endroit où la personne qui parle ne se trouve pas:

> Je vous *mènerai* au théâtre.
> *Portez* ce livre à Monsieur Dubois.

III. Amener et **apporter** signifient **mener une personne** ou **porter une chose** à l'endroit où la personne qui parle se trouve:

> *Amenez* votre ami ce soir; nous passerons la soirée ensemble.
> *Apportez-moi* mon chapeau neuf.

IV. Emmener et **emporter** signifient **mener une personne** ou **porter une chose** loin de la personne qui parle:

> Marie, *emmenez* ces enfants; ils font trop de bruit.
> *Emmenez-moi*, Monsieur; je ne veux plus rester ici.
> *Emportez* cette table; il n'y a pas assez de place dans cette chambre.

Monter

Monter au sens intransitif signifie *to go up*; le verbe s'emploie aussi transitivement et signifie alors *to bring up*. Au sens intransitif, ce verbe prend l'auxiliaire **être**; au sens transitif, l'auxiliaire **avoir**:

> A quelle heure *est*-elle *montée* dans sa chambre?
> Facteur, *avez-vous monté* ma malle dans ma chambre?

N. B.—La même remarque s'applique à **descendre** et **retourner**. Employés transitivement, **descendre** signifie *to bring down*; **retourner**, *to bring back*:

> A quelle heure *est*-elle *descendue* déjeuner?
> Facteur, *avez*-vous *descendu* ma malle?
> Nous *sommes retournés* du théâtre à minuit.
> Elle ne nous *a* pas encore *retourné* le livre que nous lui avons prêté, il y a un mois.

Perfectionner, Embellir, Améliorer

I. Quand on parle d'une invention, d'une machine, etc. . . ., *to improve* s'exprime par **perfectionner:**

> **Après bien des années, Edison a réussi à** *perfectionner* **le phonographe.**

II. Quand on parle de l'apparence, on emploie **embellir:**

> **Les arbres que l'on y a plantés** *embellissent* **cette avenue.**

III. Quand le verbe signifie non pas **rendre plus beau,** mais **rendre meilleur,** on emploie le verbe **améliorer:**

> **L'argent, que vous lui avez envoyé, a** *amélioré* **sa situation.**
> **Les conseils, que vous lui avez donnés, ont** *amélioré* **ses manières.**

IV. A la forme intransitive, ce verbe s'exprime par **s'améliorer, se perfectionner, s'embellir, faire des progrès:**

> **Votre français** *s'améliore.*
> **Notre ville** *s'embellit.*
> **Vous** *faites des progrès* **en espagnol.**

V. Idiotisme:
> Il **gagne** à être connu. *He improves upon acquaintance.*

Recouvrer, Se Remettre

I. A la forme active, le verbe *to recover* s'exprime par **recouvrer:**

> **Il était paralysé, mais il** *a recouvré* **l'usage de la jambe droite.**

II. A la forme intransitive, ce verbe s'exprime par **se rétablir** ou **se remettre:**

> **Il a eu une attaque d'influenza, mais il** *s'est rétabli* **(il s'est remis) en quelques jours.**

Soigner, Fréquenter

I. Pour un médecin, une garde-malade, *to attend* s'exprime par **soigner** ou **traiter:**

> C'est le docteur Mercier qui le *soigne (traite).*

II. Pour un cours à l'Université, on emploie **suivre:**

> Quels cours *suivez-vous?*

III. Pour le théâtre, l'église, le restaurant, on emploie **fréquenter** ou **aller:**

> A quelle église *allez-vous?*
> Quel restaurant *fréquentez-vous?*

Deuxième Conjugaison

Convenir

I. Convenir à avec l'auxiliaire **avoir** signifie *to suit, to please:*

> Cette maison me *convient;* elle m'*a* toujours *convenu.*

II. Convenir de avec l'auxiliaire **être** signifie *to agree to, to acknowledge:*

> Il *convient de* sa faute.
> Nous *sommes convenus d'*aller en France ensemble.

III. A la forme réfléchie, ce verbe signifie **se plaire mutuellement:**

> Ils se sont vus et *se sont convenus.*

Sentir, Se Sentir

I. Sentir s'emploie au sens transitif et intransitif pour exprimer une sensation d'odorat:

> *Sentez* cet œuf; il *sent* mauvais.
> Ce parfum *sent* bon.

II. Se sentir signifie avoir une sensation, *to feel:*

> Je ne *me sens* pas bien aujourd'hui.
> Comment allez-vous? Je *me sens* un peu mieux.

Se Servir, Employer

I. Quand on parle d'un instrument, d'une chose qui n'est ni changée, ni modifiée par l'usage, on emploie **se servir de:**

> Puis-je *me servir de* votre livre?
> Me permettez-vous de *me servir de* votre stylo?

II. Quand la chose est consumée ou diminuée par l'usage, on emploie **employer:**

> Combien d'électricité *employez-vous* pour éclairer toute cette maison?
> Il *a employé* tout l'argent que je lui ai donné.

III. *Used,* le participe passé, au sens passif, s'exprime par **servi:**

> Ce livre n'est pas neuf; il a déjà *servi.*

Sortir

Sortir, au sens intransitif, signifie *to go out;* le verbe s'emploie aussi au sens transitif et signifie alors *to take out.* Au sens intransitif, ce verbe prend l'auxiliaire **être;** au sens transitif, l'auxiliaire **avoir:**

> Elle *est sortie* de bonne heure ce matin.
> La bonne *a sorti* les enfants.

Quatrième Conjugaison

Connaître, Savoir

Différence entre **connaître** et **savoir.**
I. Connaître signifie plutôt la connaissance par les sens; **savoir,** la connaissance intellectuelle:

> Je *sais* que vous *connaissez* cet homme.

Remarquez la nuance entre:

Je **connais** le chemin.　　*I know the road.*
I am acquainted with the road.

Je **sais** le chemin.　　*I know the way—how to go there.*

II. On emploie **connaître** quand le régime est une personne ou une chose caractéristique d'une personne, comme **pas, voix,** etc.:

C'est Monsieur Dubois; je *connais* sa voix.
Voici mon père qui vient; je *connais* son pas.
C'est ma mère qui est en bas à la porte; je *connais* son coup de sonnette.
***Connaissez-vous* Monsieur Martin?**

III. *To know how*+**l'infinitif** s'exprime par **savoir**+**l'infinitif.** On ne traduit pas généralement *how:*

Il *sait* lire et écrire.
Il *sait* parler français.

Entendre, Apprendre

I. Au sens propre, *to hear* s'exprime par **entendre:**

J'*entends* du bruit dans l'escalier.

II. Dans le sens d'**apprendre une chose qui est certaine,** *to hear* s'exprime par le verbe **apprendre:**

J'*apprends* qu'il est arrivé ce matin.
Quand il *apprit* cette nouvelle, il partit aussitôt.

III. Dans le sens d'**apprendre, par ouï-dire, une chose qui n'est pas certaine,** on emploie l'expression **entendre dire:**

J'ai *entendu dire* qu'il était retourné en France; est-ce vrai?
J'ai *entendu dire* que nous aurons congé demain; est-ce vrai?

IV. *To hear,* dans le sens de **recevoir des nouvelles directement,** s'exprime par **recevoir des nouvelles:**

> **J'ai reçu des nouvelles de mon ami Jacques.** *I heard from Jack.*
> **Indirectement:** *avoir des nouvelles.*
> **J'ai eu des nouvelles de Jacques hier.** *I heard about (of) Jack yesterday.*

V. Si *to hear* signifie tout simplement que l'on a entendu d'autres personnes parler d'une personne ou d'une chose que l'on ne connaît pas personnellement, on emploie l'expression **entendre parler:**

> **Je ne connais pas Monsieur Dubois, mais j'ai souvent** *entendu parler* **de lui.** *I have often heard of him.*
> **Avez-vous jamais** *entendu parler* **d'un certain M. Bayard?** *Have you heard of . . . .?*

Verbes Irréguliers

Verbes Irréguliers en *er*

ALLER	ALLANT	ALLÉ	JE VAIS	J'ALLAI
fut.	*prés.*		tu vas	
j'irai	ils vont		il va	
cond.	*subj.*			
j'irais	que j'aille			
	que nous allions			
	qu'ils aillent			

S'en aller est conjugué de la même façon.

ENVOYER	ENVOYANT	ENVOYÉ	J'ENVOIE	J'ENVOYAI
fut.	*prés.*			
j'enverrai	ils envoient			
cond.	*subj.*			
j'enverrais	que j'envoie			
	que nous envoyions			
	qu'ils envoient			

Renvoyer est conjugué de la même façon.

Verbes Irréguliers en *ir*

ACQUÉRIR	ACQUÉRANT	ACQUIS	J'ACQUIERS	J'ACQUIS
fut.	*prés.*		tu acquiers	
j'acquerrai	ils acquièrent		il acquiert	
cond.	*subj.*			
j'acquerrais	que j'acquière			
	que nous acquérions			
	qu'ils acquièrent			

Bénir est régulier, mais il y a aussi un participe passé irrégulier **bénit** employé comme adjectif—**du pain bénit, de l'eau bénite.**

COURIR	COURANT	COURU	JE COURS	JE COURUS
fut.			tu cours	
je courrai			il court	
cond.				
je courrais				

Les verbes suivants sont conjugués de la même façon: **accourir, concourir, discourir, parcourir, secourir,** et tous les composés du verbe **courir.**

COUVRIR	COUVRANT	COUVERT	JE COUVRE	JE COUVRIS
			tu couvres	
			il couvre	

Découvrir, recouvrir, offrir, souffrir et **ouvrir** sont conjugués de la même façon.

CUEILLIR	CUEILLANT	CUEILLI	JE CUEILLE	JE CUEILLIS
fut.			tu cueilles	
je cueillerai			il cueille	
cond.				
je cueillerais				

Accueillir et **recueillir** sont conjugués de la même façon.

DORMIR	DORMANT	DORMI	JE DORS	JE DORMIS
			tu dors	
			il dort	

Comme **dormir,** ses composés et les verbes suivants:
Mentir, je mens, tu mens, il ment, nous mentons, etc.
Bouillir, je bous, tu bous, il bout, nous bouillons, etc.
Partir, je pars, tu pars, il part, nous partons, etc.
Sentir, je sens, tu sens, il sent, nous sentons, etc.
Servir, je sers, tu sers, il sert, nous servons, etc.
Sortir, je sors, tu sors, il sort, nous sortons, etc.

FAILLIR	FAILLANT	FAILLI	JE FAUX	JE FAILLIS
fut.			tu faux	
je faudrai	*l'impératif manque*		il faut	
cond.			*l'impératif manque*	
je faudrais				

FUIR	FUYANT	FUI	JE FUIS	JE FUIS
	prés.		tu fuis	
	ils fuient		il fuit	
	subj.			
	que je fuie			
	que nous fuyions			
	qu'ils fuient			

S'enfuir est conjugué de la même façon.

HAÏR	HAÏSSANT	HAÏ	JE HAIS	JE HAÏS
			tu hais	nous haïmes
			il hait	

MOURIR	MOURANT	MORT	JE MEURS	JE MOURUS
fut.	*prés.*		tu meurs	
je mourrai	ils meurent		il meurt	
cond.	*subj.*			
je mourrais	que je meure			
	que nous mourions			
	qu'ils meurent			

TENIR	TENANT	TENU	JE TIENS	JE TINS
fut.	*prés.*		tu tiens	*imparfait*
je tiendrai	ils tiennent		il tient	*du subj.*
cond.	*subj.*			que je tinsse
je tiendrais	que je tienne			qu'il tînt
	que nous tenions			
	qu'ils tiennent			

Les composés du verbe **tenir**, aussi bien que **venir** et ses composés, sont conjugués de la même façon.

VÊTIR	VÊTANT	VÊTU	JE VÊTS	JE VÊTIS
			tu vêts	
			il vêt	

Verbes Irréguliers en *oir*

Avoir (Voir page 109).

ASSEOIR	ASSEYANT	ASSIS	J'ASSIEDS	J'ASSIS
fut.			tu assieds	
j'assiérai			il assied	
j'asseyerai				
ou				
j'assoirai				
cond.				
j'assiérais, etc.				

	DÉCHOIR	DÉCHU	JE DÉCHOIS	JE DÉCHUS
fut.	*prés.*		tu déchois	
je décherrai	nous déchoyons		il déchoit	
cond.	ils déchoient			
je décherrais	*l'imparfait manque*			
	subj.			
	que je déchoie			

	FALLOIR	FALLU	IL FAUT	IL FALLUT
fut.	*l'imparfait*			
il faudra	il fallait			
cond.	*subj.*			
il faudrait	qu'il faille			

MOUVOIR	MOUVANT	MÛ (MUE)	JE MEUS	JE MUS
	prés.		tu meus	
	ils meuvent		il meut	
	subj.			
	que je meuve			
	que nous mouvions			
	qu'ils meuvent			

Émouvoir et **promouvoir** sont conjugués de la même façon, mais le participe passé n'a pas d'accent.

PLEUVOIR	PLEUVANT	PLU	IL PLEUT	IL PLUT
POUVOIR	POUVANT	PU	JE PEUX (PUIS)	JE PUS

fut.
je pourrai

prés.
ils peuvent

tu peux
il peut

cond.
je pourrais

subj.
que je puisse

SAVOIR	SACHANT	SU	JE SAIS	JE SUS

fut.
je saurai

prés.
nous savons

tu sais
il sait

cond.
je saurais

impératif
sachons

impératif
sache

imparfait
je savais

VALOIR	VALANT	VALU	JE VAUX	JE VALUS

fut.
je vaudrai

subj.
que je vaille
que nous valions
qu'ils vaillent

tu vaux
il vaut

cond.
je vaudrais

Équivaloir et **revaloir** sont conjugués de la même façon.

VOIR	VOYANT	VU	JE VOIS	JE VIS

fut.
je verrai

prés.
ils voient

tu vois
il voit

cond.
je verrais

subj.
que je voie
que nous voyions
qu'ils voient

Entrevoir et **revoir** sont conjugués de la même façon.
Pourvoir et **dépourvoir** ont le fut. et le cond. réguliers (**voirai-s**) et le passé défini (**vus**).
Prévoir a le fut. et le cond. réguliers (**prévoirai-s**).

VOULOIR	VOULANT	VOULU	JE VEUX	JE VOULUS
fut.	*prés.*		tu veux	
je voudrai	ils veulent		il veut	
cond.	*impératif*			
je voudrais	voulons			
	voulez ou veuillez			
	subj.			
	que je veuille			
	que nous voulions			
	qu'ils veuillent			

Verbes Irréguliers en *re*

Battre est irrégulier au singulier du présent de l'indicatif:

Je bats, tu bats, il bat.

Abattre, combattre, débattre, rabattre sont conjugués de la même façon.

BOIRE	BUVANT	BU	JE BOIS	JE BUS
	prés.		tu bois	
	ils boivent		il boit	
	subj.			
	que je boive			
	que nous buvions			
	qu'ils boivent			

Reboire est conjugué de la même façon.

CONCLURE	CONCLUANT	CONCLU	JE CONCLUS	JE CONCLUS
			tu conclus	
			il conclut	

Inclure est conjugué de la même façon sauf pour le part. passé: **inclus.**

CONDUIRE	CONDUISANT	CONDUIT	JE CONDUIS	JE CONDUISIS
		tu conduis		
		il conduit		

Conjuguez de la même façon: **déduire, détruire, construire, cuire, instruire, introduire, produire, séduire** et **traduire**.

Luire et **reluire** ont le participe passé **lui** et **relui** et pas de passé défini. **Nuire** a le part. passé **nui**.

CONFIRE	CONFISANT	CONFIT	JE CONFIS	JE CONFIS
			tu confis	
			il confit	

Conjuguez de la même façon: **déconfire, circoncire** (part. passé, **circoncis**) et **suffire** (part. passé, **suffi**).

CONNAÎTRE	CONNAISSANT	CONNU	JE CONNAIS	JE CONNUS
			tu connais	
			il connaît	

Conjuguez de la même façon: **méconnaître, reconnaître, paraître, apparaître, disparaître, reparaître,** etc.

COUDRE	COUSANT	COUSU	JE COUDS	JE COUSIS
			tu couds	
			il coud	

CRAINDRE	CRAIGNANT	CRAINT	JE CRAINS	JE CRAIGNIS
			tu crains	
			il craint	

Conjuguez de même les verbes terminés par **aindre, eindre, oindre.**

CROIRE	CROYANT	CRU	JE CROIS	JE CRUS
	prés.		tu crois	
	ils croient		il croit	
	subj.			
	que je croie			
	que nous croyions			
	qu'ils croient			

CROÎTRE	CROISSANT	CRÛ (CRUE)	JE CROÎS	JE CRUS
			tu croîs	
			il croît	

DIRE	DISANT	DIT	JE DIS	JE DIS
	prés.		tu dis	
	nous disons		il dit	
	vous dites			
	ils disent			
	impératif			
	disons			
	dites			

Redire est conjugué de la même façon. Les autres composés du verbe **dire** sont réguliers à la 2e. per. du pl., du prés., de l'ind. et de l'impératif.

ÉCRIRE	ÉCRIVANT	ÉCRIT	J'ÉCRIS	J'ÉCRIVIS
			tu écris	
			il écrit	

Les verbes terminés par **crire** et **scrire** sont conjugués de la même façon.

FAIRE	FAISANT	FAIT	JE FAIS	JE FIS
fut.	*prés.*		tu fais	
je ferai	nous faisons		il fait	
cond.	vous faites			
je ferais	ils font			
	impératif			
	faisons			
	faites			
	subj.			
	que je fasse			

Conjuguez de même **défaire, refaire, satisfaire** et tous les composés du verbe **faire**.

LIRE	LISANT	LU	JE LIS	JE LUS
			tu lis	
			il lit	
MAUDIRE	MAUDISSANT	MAUDIT	JE MAUDIS	JE MAUDIS
			tu maudis	
			il maudit	
METTRE	METTANT	MIS	JE METS	JE MIS
			tu mets	
			il met	
MOUDRE	MOULANT	MOULU	JE MOUDS	JE MOULUS
			tu mouds	
			il moud	
NAÎTRE	NAISSANT	NÉ	JE NAIS	JE NAQUIS
			tu nais	
			il met	

Comme **naître: renaître.**

PLAIRE	PLAISANT	PLU	JE PLAIS	JE PLUS
			tu plais	
			il plaît	

Conjuguez de même: **complaire, déplaire, et taire.**
Taire n'a pas d'accent à la 3e per. du sing. du prés. de l'ind.

PRENDRE	PRENANT	PRIS	JE PRENDS	JE PRIS
	prés.		tu prends	
	ils prennent		il prend	
	subj.			
	que je prenne			
	que nous prenions			
	qu'ils prennent			

Les composés du verbe **prendre** (**apprendre, comprendre,** etc.) sont conjugués de la même façon.

RÉSOUDRE	RÉSOLVANT	RÉSOLU	JE RÉSOUS	JE RÉSOLUS
			tu résous	
			il résout	
RIRE	RIANT	RI	JE RIS	JE RIS
			tu ris	
			il rit	
SUIVRE	SUIVANT	SUIVI	JE SUIS	JE SUIVIS
			tu suis	
			il suit	
TRAIRE	TRAYANT	TRAIT	JE TRAIS	
	prés.		tu trais	
	ils traient		il trait	

subj.
que je traie
que nous trayions
qu'ils traient

Les composés du verbe **traire** sont conjugués de la même façon.

VAINCRE	VAINQUANT	VAINCU	JE VAINCS	JE VAINQUIS
			tu vaincs	
			il vainc	

Conjuguez de même **convaincre.**

VIVRE	VIVANT	VÉCU	JE VIS	JE VÉCUS
			tu vis	
			il vit	

Exercices

Aller

A.

1. I am going to Paris today. 2. I went home yesterday.
3. They will go home when I arrive there. 4. I am going

with you. 5. I wish that you could go. 6. I would but my mother is ill. 7. I should have gone yesterday but I was late. 8. I went to the theater with my brother. 9. He wanted me to go with him. 10. We want them to go with us.

B.

Comment allez-vous?	*How are you?*
Je vais bien.	*I am well.*
Cette robe vous va bien.	*That dress is becoming to you.*
Il y va de sa vie.	*His life is at stake.*
Nous nous en allons.	*We are going away.*

1. How is your brother? 2. He is well. 3. His fortune is at stake. 4. He has lost a great deal of money. 5. And your friend who was ill, how is she? 6. She is much better now. 7. I saw her yesterday. 8. She was wearing a dress that was very becoming to her. 9. She is going away. 10. She will go away soon. 11. Her life is at stake; she must not stay in this climate. 12. Before going to the country she will spend a few days in Paris. 13. We are going to buy some pretty hats. 14. Her hats are always becoming to her. 15. Mine are never becoming to me.

Envoyer

A.

1. I am sending this book to my friend. 2. I shall send you one tomorrow. 3. Did you send me those flowers? 4. They were very pretty. 5. They were prettier than the ones I used to send you. 6. Send some to my mother. 7. I wish people would send them to her. 8. She would send them her books. 9. What have you to send her? 10. I fear I have nothing to send her.

B.

Il enverra chercher un médecin. *He will send for a doctor.*
1. I am sending you some flowers. 2. Did you receive the ones I sent you last week? 3. I shall send you some books if you wish them. 4. Will you send them back to me after you have read them? 5. Yes, I shall be glad to send them back to you. 6. I cannot read very much now. 7. I sent for the doctor yesterday and he told me not to read. 8. I have been very ill. 9. Last week they sent for him three times. 10. I do not like to send for him too often because I do not need him.

Acquérir

1. He has acquired a great deal of money. 2. Let us acquire some. 3. If we work we shall acquire it. 4. I want my father to get a great deal. 5. I fear you will not get any because you do not work. 6. If you would work you would get some. 7. No one acquires it without working. 8. You must work in order to get it. 9. You used to get it when you worked. 10. You will not get it if you do not work.

Courir

1. He runs very fast for a boy of his age. 2. He was not running very fast last night. 3. Will he run to the store for you? 4. If he will I shall give him five cents. 5. I think he is too young to run so much. 6. He ran to school this morning. 7. He would have run home if he had seen me. 8. Here he is and he is not running. 9. Run to the store and buy me some bread. 10. Boys like to run.

Couvrir

La rue est couverte de neige. *The street is covered with snow.*
1. Snow covers the ground today. 2. It will cover it

all winter. 3. In the spring the ground will not be covered with snow. 4. The mud will cover it then. 5. In summer it is covered with flowers. 6. Flowers used to cover my window. 7. When they cover it I can smell them. 8. A window covered with flowers is very pretty. 9. Flowers will cover our windows in autumn. 10. In winter they will be covered with snow.

Cueillir

1. Have you picked any strawberries? 2. Yes, we were picking some this morning. 3. I shall pick some tomorrow. 4. Pick some today, please. 5. I am going to pick apples now. 6. I want you to pick some. 7. We shall pick them soon. 8. Were you picking them this morning? 9. Do you like to pick them? 10. I would pick them if you were with me.

Dormir

1. Did you sleep well last night? 2. No, I did not sleep well; I was too tired. 3. I was sleeping when you came in. 4. I generally sleep well but my sister does not. 5. We shall sleep well tonight, I am sure. 6. You told me you would not sleep late. 7. Were you sleeping when I came at nine o'clock? 8. I was not sleeping then. 9. I heard you say: "Sleep well." 10. I want my sister to sleep well.

Fuir, S'enfuir

1. Time flies. 2. He is running away. 3. Mary was running away when I saw her. 4. She will not run away again. 5. Why did she run away? 6. She was not good. 7. Children often run away. 8. However, I do not like to have them run away. 9. They are not good when they run away. 10. You won't run away, will you?

Haïr

1. I do not hate my enemies. 2. You must not hate yours. 3. They will hate you if you do. 4. She used to hate hers but now she loves them. 5. I am afraid that my enemies will hate me. 6. I shall not hate them. 7. She hates hers. 8. We do not hate ours. 9. Love your enemies; do not hate them. 10. Let us not hate anyone.

Mourir

1. Their little dog is dying. 2. They thought he was dying yesterday. 3. He will die tomorrow, I am sure. 4. Her other dog died two weeks ago. 5. She wishes this one would not die. 6. Dogs often die when they are young. 7. I am afraid that many dogs will die this winter. 8. I was afraid they would die last winter. 9. They were dying of starvation. 10. They did not die.

Tenir

Vous tenez de votre mère. *You take after your mother.*
Il tient à vous voir. *He is anxious to see you.*

1. I am anxious to go to church. 2. I wish you were anxious to go. 3. You take after your father. 4. He does not like to go either. 5. You will be anxious to go when our friends arrive. 6. They are anxious to see you. 7. They will keep you company. 8. Your sister takes after your mother. 9. I wish you took after her. 10. Are you really anxious to stay at home?

Venir

Il vient d'arriver. *He has just come.*
S'il vient à arriver. *If he happens to arrive.*

1. He is coming from Paris today. 2. He will come to

see us tomorrow. 3. If you happen to go to school early he will go there also. 4. Our friends have just arrived. 5. I wish you would come and talk with them. 6. I think they have come to see you. 7. They were coming to see us yesterday but you were not at home. 8. They used to come very often. 9. They had just spoken of you when you came in. 10. Will you come soon?

S'asseoir

1. Who is sitting beside you? 2. No one. Will you sit there? 3. No, I shall sit near the window. 4. My friends are sitting there. 5. They were sitting there when you sat down here. 6. Do you always sit here? 7. Almost always. I have been sitting here for some time. 8. If I had sat down over there my friends would not have been near me. 9. I wish you would sit down. 10. I was afraid you would not sit down.

Falloir

Il me faut un livre. *I must have a book.*
Il faut que je le lise. *I must read it.*

1. I must have a dress. 2. I shall have to have it tomorrow. 3. You must go and buy it with me. 4. It will be necessary to ask for some money. 5. What do you need? 6. You will soon need some gloves. 7. You must buy some. 8. You used to need them very often. 9. One never has all that one needs. 10. We need so many things.

Pleuvoir

1. It is raining, isn't it? 2. Yes, it has been raining for an hour. 3. It rained yesterday also. 4. It was raining when I came home from school. 5. It will rain tomorrow,

I think. 6. Let it rain! 7. It will not always rain. 8. I fear it will rain today and tomorrow. 9. Will you come if it rains? 10. Yes, although it may be raining, I'll come.

Pouvoir

Je n'en peux plus. *I am exhausted.*
Il se peut bien qu'il aille avec vous. *It may be that he will go with you.*

1. Do you think she can sing tonight? 2. No, she will not be able to do it. 3. She is exhausted. 4. She used to be able to do a great deal more than now. 5. We shall be able to go without her. 6. I wish she could sing, she sings so well. 7. She has always been able to do it. 8. I fear I shall not be able to go with you. 9. I cannot unless my father can go. 10. It may be that he will do so.

Savoir

Je ne saurais étudier. *I could not study.*

1. He doesn't know his lesson. 2. Do you know yours? 3. You will know the words if you study them. 4. I wish you to know them tomorrow. 5. Your brother used to know them very well. 6. He could not always answer my questions. 7. Although he did not always know his lesson, he had studied it. 8. Who always knows it? 9. You would know yours if you studied. 10. You must know it the next time.

Valoir

Il vaut la peine de visiter ce jardin. *It is worth while to visit that garden.*
Il vaut mieux visiter l'église. *It is better to visit your church.*

1. How much are your books worth? 2. They are worth five dollars. 3. That one isn't worth anything. 4. It is better to study this one. 5. Do you think it is worth while to buy many books? 6. It is always worth while to have them. 7. If they were worth the money, I should buy them. 8. It will be better to buy them. 9. They are always worth the money. 10. Although they are worth the money, we cannot always buy them.

Voir

1. I see my friends very often. 2. I have not seen them today. 3. I shall see them tomorrow. 4. Will you see them? 5. I used to see your brother every day. 6. I have only seen him once this summer. 7. I should see him if I went out often. 8. We never see anyone if we stay at home. 9. I want my brother to see you. 10. He also wishes to see you.

Vouloir

Cet homme vous veut du mal. *That man bears you ill will.*

Ma sœur vous veut du bien. *My sister bears you good will.*

Que veut dire cela? *What does that mean?*

1. They wish you to go to see them. 2. Although I do not wish to go, you must do so. 3. What do you mean? 4. I mean that you must go. 5. They will bear you ill will if you refuse. 6. I am glad that you do not wish to go. 7. Do you believe they will bear me ill will? 8. I wish I were at home. 9. Everybody bears me good will. 10. However, I shall stay with you until you want me to go home.

Boire

1. Do you drink wine? 2. No, I drink water. 3. I used to drink a great deal of milk. 4. My children always drink it. 5. If you want me to drink something, give me some coffee, please. 6. Last winter I drank a little coffee. 7. My wife will drink coffee three times a day. 8. She would drink tea if she could. 9. After drinking tea she is often ill. 10. You must drink something.

Conduire

Le garçon se conduit bien. *The boy behaves well.*

1. Will you take me home? 2. Yes, if you want me to take you home. 3. I used to take you home when you were ready. 4. I have always behaved very well, I think. 5. Who will take you to the theater? 6. I shall take the children there with me. 7. They always behave well. 8. Everyone behaves well at the theater. 9. They must behave. 10. You must take me home tonight.

Connaître

Je le connais de vue, de nom. *I know him by sight, by name.*

1. Do you know those men? 2. I know them by sight. 3. I wish I knew them by name. 4. I have known your brother a long time. 5. You will never know mine; he is never at home. 6. I used to know your sister. 7. She would know me if she saw me. 8. She knows a great many people by sight, doesn't she? 9. Although I do not know many people, I have some good friends. 10. If I go out more, I'll know more people, I'm sure.

Coudre

1. Do you know how to sew? 2. Yes, I know how to sew but I do not sew very much. 3. I was sewing when you came. 4. I sewed a little yesterday. 5. You have sewed a great deal, haven't you? 6. I would sew if I had the time. 7. Women sew a great deal. 8. My sister sews. 9. She likes to sew. 10. She used to sew all her dresses.

Craindre

1. What do you fear? 2. I am not afraid of anything. 3. I used to be afraid of being punished. 4. I have very often been afraid of my teacher. 5. Children often fear their teachers. 6. You will not fear yours, will you? 7. I would be afraid of him if I did not study. 8. I wish you would not fear him. 9. Do not be afraid of being scolded. 10. Fear no one.

Croire

1. I do not think that you are right. 2. I believe what he says. 3. I shall always believe him. 4. You used to believe him, didn't you? 5. I would believe him now if he were right. 6. Why do you want me to believe him? 7. I want you to believe him because I have always believed him. 8. I think he is right. 9. You believe all that he says. 10. Do not believe everything.

Dire

1. What were you saying? 2. I was saying that you are glad to be at home. 3. Do not say that. 4. Have you told all my friends that? 5. They will say that I did not have a good time in Paris. 6. I want you to tell them that

I did have a good time there. 7. Will you tell them so (it)?
8. I'll tell them anything (that) you say. 9. I would never
tell them (that) you were not happy. 10. We must always
tell them that.

Écrire

1. Do you write to your mother very often? 2. Yes, I
write to her every day. 3. She also writes to me. 4. I did
not write to her yesterday. 5. I would have written if I
had not been busy. 6. I used to write a great many letters.
7. Will you write to me when you are in London? 8. I'm
afraid I'll not write you very often; I have so many friends to
whom I must write. 9. Write to me, won't you? 10. My
brother and I will write to her tomorrow.

Faire

Il fera de son mieux. *He will do his best.*
Cela ne fait rien. *That does not matter.*
Je fais faire mes robes. *I have my dresses made.*

1. What are your friends doing? 2. I think they are
making dresses. 3. They used to have them made. 4. I
wish they would have them made now. 5. They do their
best but their dresses are not very pretty. 6. I shall make
my hats this winter. 7. Do you make yours? 8. What
would you do if you did not have any money? 9. I would
make mine. 10. Do your best.

Lire

1. You have been reading the paper for an hour. 2. I
haven't read it yet. 3. I wish I might read it. 4. Will you
read it later? 5. I would read if you wished me to do so.
6. Read if you like. 7. Your father used to read a great
deal. 8. He reads very well. 9. I like to hear him read.
10. Let him read it to us.

Mettre

Il se met à chanter. *He is beginning to sing.*
Mettez votre chapeau. *Put on your hat.*

1. Are you going to put on your hat and gloves? 2. I shall not put mine on. 3. At what time will they begin to play? 4. I have put on my best dress. 5. My sister would put hers on if she were going. 6. What dress did you put on? 7. You were putting on your best one. 8. Why have you put on this one? 9. Don't you want me to put on my best one? 10. Yes, I want you to put on your best dress and your hat and gloves.

Plaire

Il se plaît à parler avec vous. *He takes pleasure in talking with you.*

1. Those stories please us very much. 2. They will also please our friends. 3. Read us another, please. 4. I'll do so if it will please you. 5. It would please me if you read several. 6. I wish they would please my children. 7. I fear that this one would not please them. 8. They take pleasure in hearing them. 9. I shall take pleasure in reading them to the children. 10. Would you take pleasure in doing so?

Prendre

1. Will you take the five o'clock train? 2. Yes, I always take that one. 3. We used to take the six o'clock train but we do not take it any more. 4. Did you take that train yesterday? 5. Do you want me to take those letters when I go? 6. Yes, take them, please. 7. I would have taken them yesterday if you had asked me. 8. I saw them when

I was taking my hat. 9. Why didn't you take them?
10. You didn't ask me to take them.

Rire

1. Who was laughing? 2. We were laughing. 3. We
won't laugh any more. 4. You have laughed enough.
5. Don't laugh all the time. 6. Everybody was laughing.
7. The children will laugh if they see you. 8. They would
not laugh if they did not see you. 9. Let us not laugh.
10. Nobody is laughing now.

Suivre

1. Someone followed me home. 2. Did you follow me?
3. You used to follow me. 4. My dog always follows me.
5. I would follow you if I knew where you were going.
6. You will follow me when you know. 7. Do you want
me to follow you? 8. I don't want you to follow me.
9. Now I am following (there) where you lead. 10. Who
said "follow me"?

Vaincre

1. Who conquered in the battle? 2. Our soldiers were
conquering when I left. 3. They will conquer, I am sure.
4. We must conquer. 5. Who is conquering now? 6. I
fear they are conquering. 7. If they should conquer I
would be there. 8. Let us conquer. 9. Let them not
conquer. 10. We have conquered many a time.

Vivre

1. Where do you live? 2. I live in the country. 3. My
sister used to live in the city. 4. Now she lives with us.
5. Have you always lived in the country? 6. Yes, I have
been living there for twenty years. 7. My sister does not

want me to live in the country. 8. She would live in Paris if I were with her. 9. Let her live in Paris; I prefer the United States. 10. Long live the United States!

Revue

(a) *Expliquez le temps de chaque verbe en italique.*
(b) *Donnez les temps primitifs de ces verbes.*

Les Trois Compagnons

Trois compagnons *allaient* en pèlerinage. Un jour, *étant* loin encore de la ville la plus prochaine, ils *virent* que, pour toutes provisions, ils n'avaient plus qu'un peu de farine; ils en *firent* un gâteau et le *firent cuire* dans un four qu'ils *avaient construit* avec de la terre. Comme ce gâteau ne *pouvait suffire* à les rassasier tous trois, ils *convinrent* que celui qui en *dormant* aurait le songe le plus merveilleux *mangerait* le gâteau tout entier.

Pendant que les deux premiers *dormaient*, le troisième *s'en alla* au four, *prit* le gâteau et le mangea sans en laisser une miette; puis il se coucha et *s'endormit*.

Au matin, les deux autres *se levèrent* et racontèrent leurs songes. Le premier *dit* qu'il *avait vu* deux anges qui l'avaient enlevé et porté au ciel; le second *dit* qu'il lui avait semblé que deux diables l'emportaient en enfer.

Ils *vinrent* alors à leur compagnon qui feignait de *dormir* encore, et l'éveillèrent; mais, en les *voyant*, il *se mit* à pousser des cris de surprise. "Qu'est-ce?" *dirent*-ils; "*deviens*-tu fou? —Non, mais je suis bien étonné de vous *voir* si tôt *revenus* de si loin! J'*ai vu* deux anges enlever l'un de vous au ciel et deux diables porter l'autre en enfer, et, ma foi! pour me *remettre* de mon émotion et me consoler de votre perte, j'ai mangé le gâteau!"

—GASTON PARIS

Vocabulaire

Anglais-Français

m. = masculin; *f.* = féminin; *pl.* = pluriel

A

a, un, une
able; to be—, pouvoir, *irr.*
about, de, vers
accomplish, accomplir, remplir
acquire, acquérir, *irr.*
act, jouer, agir
actor, acteur, *m.*
actress, actrice, *f.*
advise, conseiller à (**person**) de (*infin.*)
afraid; to be—, avoir peur, craindre, *irr.*
after, *prép.*, après; *conj.*, après que (*indic.*)
afternoon, après-midi, *m.* ou *f.*
again, encore, encore une fois
ago, il y a; **a week—,** il y a huit jours
all, *adj.*, tout, tous
all, *adv.*, tout, entièrement
alone, seul
already, déjà
also, aussi
although, quoique, bien que (*subjonctif*)
always, toujours
America, Amérique, *f.*
American, américain
among, entre, parmi
amuse, amuser; **to have a good time,** s'amuser
amusement, amusement, divertissement, plaisir, *m.*
amusing, amusant, agréable
an, un, une

and, et
animal, animal, *m.*
another, un autre, encore un
answer, *v. a.*, répondre à
any, du, de la, de l', des, de
any, *adj.*, aucun, nul, pas de
any, *pron.*, quelqu'un, quelques-uns, en, (with *nég.*) nul, aucun; **—one,** quelqu'un, (with *nég.*) personne
anything, quelque chose; (with *nég.*) rien
apartment, appartement, *m.*
apple, pomme, *f.*
arm, bras, *m.*
around, autour de
arrive, arriver
artist, artiste, *m.* ou *f.*
as, comme; **—soon—,** aussitôt que
ask, demander à (person) de (*infin.*); **—for,** demander
at, à; **—** school, à l'école; **—** church, à l'église
attentive, attentif
aunt, tante, *f.*
avenue, avenue, *f.*
avoid, éviter de (*infin.*)

B

back, dos, *m.*
back, in—of, derrière
bad, mauvais
baker, boulanger, *m.*
bank, rive, *f.*
barefooted, nu-pieds, pieds nus
basket, panier, *m.*

be, être, *irr.*; (weather) faire; **there is** (or) **are,** il y a, voilà

beautiful, beau, bel, belle

because, parce que

become, devenir, *irr.*

becoming, qui va bien; **that is— to you,** cela vous va bien

bed, lit, *m.*

before, *prép.*, avant (time or order), devant (place), avant de (before *infin.*)

before, *conj.*, avant que (*subjonctif*)

begin, commencer à (*infin.*)

beside, à côté de

best, *adj.*, meilleur, le meilleur; *adv.*, mieux, le mieux

better, *adj.*, meilleur, *adv.*, mieux; **be—,** valoir mieux

bird, oiseau, *m.*

black, noir

blackboard, tableau noir, *m.*

blue, bleu

boat, bateau, *m.*

body, corps, *m.*

bone, os, *m.*

book, livre, *m.*

bored (to be), s'ennuyer

borrow, emprunter à

both, l'un et l'autre, les deux, tous les deux

box, boîte, *f.*

boy, garçon, *m.*

bread, pain, *m.*

break, rompre, casser, briser

bridge, pont, *m.*

bring, apporter; — (persons), amener; **to—up,** monter

broad, large

brother, frère, *m.*

brown, brun

build, bâtir, construire

building, édifice, *m.*

but, mais

butter, beurre, *m.*

buy, acheter

by, près de, à côté de, par, de, à; **—your watch,** à votre montre

C

call, appeler; **to be called,** s'appeler

can, pouvoir, *irr.*

cane, canne, *f.*

capital, capitale, *f.*

care, soin, *m.*; **take—of,** soigner; **take—not to,** prendre garde de (*infin.*)

carnation, œillet, *m.*

carry, porter

case, in—, au cas que, en cas que

castle, château, *m.*

cathedral, cathédrale, *f.*

celebrate, célébrer

cent, sou, cent, *m.*

century, siècle, *m.*

certain, certain

certainly, certainement

chapter, chapitre, *m.*

character, caractère, personnage, *m.*

cheap, bon marché

cheek, joue, *f.*

cheerful, gai

chest, poitrine, *f.*

child, enfant, *m.* ou *f.*

chin, menton, *m.*

choose, choisir

Christmas, Noël, *m.*

church, église, *f.*; **to—,** à l'église

city, ville, *f.*

class, classe, *f.*;**—room,** salle de classe, *f.*

close, fermer

coffee, café, *m.*

cold, froid; **be—**(weather) faire froid

collection, collection, *f.*

color, couleur, *f.*

come, venir, *irr.*;**—back,** revenir; **—down,** descendre

comedian, comédien, *m.*

comedy, comédie, f.
concert, concert, m.
cost, coûter
count, comte, m.
countess, comtesse, f.
country, campagne, f.; pays, m.;
  patrie, f.
courage, courage, m.
cousin, cousin, m.; cousine, f.
cream, crème, f.
crowd, foule, f.
cry, crier; to—out, s'écrier; crier
cup, tasse, f.
curious, curieux

D

dance, danser
dancer, danseur, m., danseuse, f.
dare, oser
daughter, fille, f.
day, jour, m.; next—, lendemain,
  m.
dead, mort
deal; a great—, beaucoup
decide, décider, résoudre de (infin.)
delightful, délicieux
department, département, m.
desk, bureau, m.; pupitre, m.
die, mourir, irr.
different, différent
difficult, difficile
diligent, diligent
dimension, dimension, f.
dine, dîner
dining room, salle (f.) à manger
disagreeable, désagréable
disobey, désobéir à
district, arrondissement, m.
disturb, déranger
divide, diviser
do, faire, irr.
door, porte, f.
doubt, douter
dozen, douzaine, f.
drawer, tiroir, m.

dress, s'habiller, se vêtir, irr.
dress, robe, f.
dressmaker, couturière, f.

E

each, chaque;—one, chacun;—
  other, l'un l'autre
ear, oreille, f.
early, de bonne heure
eat, manger
Easter, Pâques, m.
easily, facilement
easy, facile
education, éducation, f.
eight, huit
eighty, quatre-vingt
either, non plus
elevator, ascenseur, m.
employ, employer; se servir de
empress, impératrice, f.
encourage, encourager
England, Angleterre, f.
English, anglais
enough, assez
enter, entrer dans
eraser, chiffon, m., éponge, f.
Europe, Europe, f.
even, même;—though, quand
  même
evening, soir, m.
ever, jamais
every, chaque, tout;—four hours,
  toutes les quatre heures
everybody, tout le monde
everything, tout, m.
expensive, cher, chère
eye, œil, m.; yeux, m. pl.

F

fall, tomber
famous, célèbre, fameux
far, loin;—from, loin de;—too
  many, beaucoup trop
fast, vite, rapidement
father, père, m.
fear, crainte, f.

Page deux cent quarante-neuf (249)

fear, craindre, *irr.*; avoir peur
feel, sentir, *irr.*
festival, fête, *f.*
few, peu de; **a—,** quelques
fill, remplir
filled with, plein de
find, trouver
fine, beau, bel, belle
finger, doigt, *m.*
finish, finir
first, premier
firm, ferme
fitting, it is, il est convenable
floor, plancher, *m.*
flower, fleur, *f.*
foot, pied, *m.*
for, *prép.*, pour
for, *conj.*, car
forehead, front, *m.*
forest, forêt, *f.*; bois, *m.*
formerly, autrefois
fountain pen, stylo, *m.*
four, quatre
fourteen, quatorze; **fourteenth**
quatorzième
franc, franc, *m.*
France, France, *f.*
Francis I, François I, *m.*
free, libre
French, Français, *m.*
French, (language), français, *m.*
French, français
friend, ami, *m.*; amie, *f.*
from, de;—**the,** du, de la, de l',
des
front; in—of, devant
fruit, fruit, *m.*

G

game, jeu, *m.*
garden, jardin, *m.*
gas, gaz, *m.*
gay, gai
generally, généralement
geography, géographie, *f.*

Page deux cent cinquante (250)

get up, se lever; **go and—,** aller
chercher
gift, cadeau, *m.*
girl, fille, *f.*
give, donner;—**back,** rendre
glad, content, bien aise
glass, verre, *m.*
glove, gant, *m.*
go, aller;—**on,** continuer
good, bon
governess, gouvernante, *f.*
gown, robe, *f.*
grammar, grammaire, *f.*
grandfather, grand-père, *m.*
grandmother, grand'mère, *f.*
great, grand;—**deal,** beaucoup
Greek, (language), grec, *m.*

H

hair, cheveux, *m. pl.*
half, demi;—**a dozen,** une demi-
douzaine
hand, main, *f.*
happy, heureux
hard, difficile; **to work—,** travailler dur
hat, chapeau, *m.*
have, avoir, *irr.*
he, il, lui, ce
head, tête, *f.*
hear, entendre
heated, chauffé
height, hauteur, *f.*
help, aider
her, elle, la, lui
here, ici;—**is** or **are,** voici
high, haut; **how—?** Quelle est la
hauteur de?
hill, colline, *f.*
him, le, lui
his, *poss. adj.*, son, sa, ses
his, *poss. pron.*, le sien, la sienne,
les siens, les siennes
history, histoire, *f.*
holiday, jour de fête, *m.*; vacan-
ces, *f. pl.*

home, chez moi (toi, soi, lui, elle, nous, vous, eux, elles); à la maison
hope, espérer; souhaiter
hospital, hôpital, *m.*
hotel, hôtel, *m.*
hour, heure, *f.*
house, maison, *f.*
how, comment; — **much,** — **many,** combien de

I

I, je, moi
if, si
ill, malade
important, important
in, dans, en, à;—**front of,** devant
industrious, diligent, laborieux, industrieux
inhabitant, habitant, *m.*
ink, encre, *f.*
inkstand, encrier, *m.*
inn, auberge, *f.*
intend, compter, avoir l'intention de
interesting, intéressant
into, dans, en
invite, inviter
it, il, elle, le, la, ce, cela
Italian, (language), italien, *m.*
Italian, Italien, *m.*
Italian, italien
its, son, sa, ses

J

janitor, concierge, *m.*
jewel, bijou, *m.*
join, joindre
July, juillet, *m.*
June, juin, *m.*

K

keep, garder, tenir
kind, *adj.*, aimable; bon

kind, *n.*, sorte, *f.*
king, roi, *m.*
know, how, savoir, *irr.*; connaître, *irr.*
knowledge, connaissance, *f.*

L

lady, dame, *f.*; **young—,** demoiselle, *f.*
lake, lac, *m.*
language, langue, *f.*; langage, *m.*
large, grand
last, dernier; **at—,** enfin
late, tard, en retard (person); **it is—,** il est tard; **I am—,** je suis en retard
Latin (language), latin, *m.*
latter, the—, celui-ci, celle-ci, ceux-ci, celles-ci
lazy, paresseux
leaf, feuille, *f.*
learn, apprendre
leave, laisser, partir, quitter
less, moins de (*nom*)
leg, jambe, *f.*
lend, prêter
lesson, leçon, *f.*
let, permettre, *irr.*, laisser;—**it rain,** qu'il pleuve
letter, lettre, *f.*
library, bibliothèque, *f.*
light, allumer
like, aimer
lily of the valley, muguet, *m.*
little, *adj.*, petit
little, *adv.*, peu de
live, demeurer, vivre, *irr.*
London, Londres, *m.*
long, long, -ue;—**time,** longtemps; **to be—in,** tarder à
look, regarder; **to—at,** regarder; **to—out of,** regarder par
Louvre, Louvre, *m.*
lose, perdre
loudly, haut, fort, à haute voix, à grands cris

love, aimer

low, bas; **in a—voice,** à voix basse

M

magazine, revue, *f.*

majority, plupart, *f.*

make, faire, *irr.*; rendre; **to—use of,** se servir de

man, homme, *m.*

many, beaucoup de; **how—,** combien de (+*nom*); **too—,** trop de (+*nom*)

marble, bille, *f.*

Mary, Marie

master, maître, *m.*

me, me, moi

meat, viande, *f.*

merchant, marchand, *m.*; marchande, *f.*

midnight, minuit, *m.*;**—mass,** messe de minuit

military, militaire

mine, le mien, la mienne, les miens, les miennes

minister, ministre, *m.*; pasteur, *m.*

minus, moins

minute, minute, *f.*

mistaken (to be), se tromper

money, argent, *m.*

month, mois, *m.*

more, plus de (+*nom*); **no—,** ne . . . plus

morning, matin, *m.*

most, le plus, des plus

mother, mère, *f.*

mouth, bouche, *f.*

music, musique, *f.*;**—teacher,** maître de musique

must, devoir, falloir (*impers.*)

my, mon, ma, mes

myself, moi-même

N

name, nom, *m.*; **by the—of,** qui s'appelle

narrow, étroit

national, national

natural, naturel, réel

near, près de

necessary; to be—, falloir (*impers.*)

need, besoin, *m.*; **to be in—of,** avoir besoin de

nephew, neveu, *m.*

never, jamais, ne—jamais

new, neuf, nouveau

newspaper, journal, *m.*

next, prochain, suivant

niece, nièce, *f.*

night, nuit, *f.*; **last—,** hier soir

nine, neuf

ninety, quatre-vingt-dix

ninth, neuvième

no, non

nobody, personne, *m.* (with *nég.*)

nose, nez, *m.*

not, ne . . . pas

notebook, cahier, *m.*

nothing, ne—rien

novel, roman, *m.*

now, maintenant

O

o'clock, heure, *f.*; **it is six o'clock,** il est six heures

of, de;**—the,** du, de la, de l', des; **—it,—them,** en

often, souvent

old, vieux, vieil, âgé; **How—is he?** Quel âge a-t-il?

on, sur, dans, de

once, une fois; **at—,** aussitôt

one, un, une

one, on; **this—,** celui-ci, celle-ci; **that—,** celui-là, celle-là

only, seulement; ne—que

open, ouvrir, *irr.*

opportunity, occasion, *f.*

or, ou

orange, orange, *f.*

order, ordre, *m.*; **in—to,** afin de;
in—that, pour que, afin que
other, autre
ought, devoir
our, notre, nos
ours, le nôtre, la nôtre, les nôtres

P

paper, papier, *m.*
parent, parent, *m.*
Paris, Paris, *m.*
park, parc, *m.*
part, partie, *f.* (theatre), rôle
past, passé; **It is half-—nine,**
il est neuf heures et demie
pay for, payer
peach, pêche, *f.*
pen, plume, *f.*
pencil, crayon, *m.*
penholder, porte-plume, *m.*
Pentecost, Pentecôte, *f.*
people, peuple, *m.*; (persons in
general) on, monde, *m.*, gens,
m. pl., **young—,** jeunes gens;
the grown up—, les grands
pepper, poivre, *m.*
perhaps, peut-être
piano, piano, *m.*, **to play on the
—,** jouer du piano
picture, tableau, portrait, *m.*;
peinture, *f.*
pink, œillet, *m.*
pitcher, cruche, *f.*
play, pièce, *f.*
play, jouer; (instrument) jouer de
please, plaire à; **if you—,** s'il vous
plaît
pleased, content
poor, pauvre, mauvais; **a—pen,**
une mauvaise plume
poorly, mal
popular, populaire
position, position, *f.*; poste, *m.*
possible, possible; **it is—,** il se
peut
potato, pomme de terre, *f.*

prefer, préférer
present; to be—at, assister à
present, présenter
present, cadeau, *m.*
pretty, joli
professor, professeur, *m.*
promise, promettre, *irr.*
provided that, pourvu que (with
subj.)
public, *adj.*, public
public, *n.*, public, *m.*
punish, punir
pupil, élève, *m.* ou *f.*
purchase, achat, *m.* emplette, *f.*;
to make—s, faire des em-
plettes
put, placer, mettre, *irr.*; **to—on,**
mettre

Q

quarter, quart, *m.*; **a—of an
hour,** un quart d'heure
quickly, rapidement

R

rain, pleuvoir, *irr.*
rather, plutôt, mieux, assez
receive, recevoir
red, rouge
refuse, refuser
relative, parent, *m.*
religious, religieux
remain, rester
represent, représenter
require, exiger
rest, se reposer
return, (give back), rendre; (go
back) retourner
review, revue, *f.*
rich, riche
right; to be—, avoir raison
river, rivière, *f.*; fleuve, *m.*
room, chambre, *f.*
rose, rose, *f.*
ruler, règle, *f.*

S

sad, triste
salt, sel, *m.*
same, même
say, dire, *irr.*; **they—,** on dit
school, école, *f.*; **at —,** à l'école, en classe
seat, place, *f.*
second, *adj.*, second, deuxième
second, *n.*, seconde, *f.*
see, apercevoir, voir, *irr.*
seem, sembler; **to—to be,** paraître, *irr.*
select, choisir
sell, vendre
send, envoyer, *irr.*;**—for,** faire venir
sentence, phrase, *f.*
sermon, sermon, *m.*
service, service, *m.*
seven, sept
seventeen, dix-sept; **—th,** dix-septième
seventy, soixante-dix
several, plusieurs
she, elle
shoe, soulier, *m.*
short, court
show, montrer
side, côté, *m.*; **on the other—,** de l'autre côté
sing, chanter; **to—out of tune,** chanter faux
singer, chanteur, *m.*, chanteuse, *f.*
sir, monsieur
sister, sœur, *f.*
situated, situé
six, six
sixteen, seize
sixty, soixante
sky, ciel, *m.*
slowly, lentement
small, petit
smell, sentir
snow, neiger

snow, neige, *f.*
so, si;—**much as,—many as,** tant de (+*nom*) que; **I think—,** je pense que oui;—**that,** de sorte que, si bien que
soldier, soldat, *m.*
some, du, de la, de l', des; quelques; en
somebody, someone, quelqu'un
something, quelque chose, *m.*
sometimes, quelquefois, parfois
son, fils, *m.*
song, chant, *m.*; chanson, *f.*
soon, bientôt;—**er,** plus tôt
sort, sorte, *f.*
speak, parler
spend, dépenser; (time) passer
spite, in—of, malgré
square, *adj.*, carré
square, *n.*, place, *f.*
stairs, escalier, *m.*
stand, se tenir debout
statue, statue, *f.*
stay, rester
stocking, bas, *m.*
stop, cesser, s'arrêter
store, magasin, *m.*
story, histoire, *f.*
straight, droit
strawberry, fraise, *f.*
Strasbourg, Strasbourg
street, rue, *f.*
studious, studieux
study, étudier
succeed, réussir
such, tel
sugar, sucre, *m.*
summer, été, *m.*; **in—,** en été
Sunday, dimanche, *m.*; **every—,** le dimanche
supper, souper, *m.*

T

table, table, *f.*
tailor, tailleur, *m.*

take, prendre; (a person), mener; to — away, emporter; to — a walk, se promener

talk, parler

tall, grand

tea, thé, *m.*

teach, instruire, enseigner

teacher, instituteur, *m.*,—trice, *f.*

tell, dire, *irr.*

ten, dix; —th, dixième

than, que; (before a number) de

that, *dém. adj.*, ce, cet, cette

that or—one, *dém. pron.*, celui, celle; celui-là, celle-là; cela; ce

that, *relat. pron.*, qui, que

that, *conj.*, que

the, le, la, l', les; —one, celui, celle; —ones, ceux, celles

theater, théâtre, *m.*; (moving picture theater) cinéma, *m.*

their, leur, leurs

theirs, le leur, la leur, les leurs

them, les, leur, eux, elles

then, alors, puis

there, là, y, —is or are, il y a; (when pointing out) voilà

these, *dém. adj.*, ces; ces—ci

these, *dém. pron.*, ceux, celles; ceux-ci, celles-ci

they, ils, eux, elles

thing, chose, *f.*

think, penser

third, troisième

thirteen, treize

thirty, trente

this, *dém. adj.*, ce, cet, cette; ce—ci, cet—ci, cette—ci

this, or—one, *dém. pron.*, celui, celle; celui-ci, celle-ci; ceci; ce

those, *dém. adj.*, ces; ces—là

those, *dém. pron.*, ceux, celles; ceux-là, celles-là

thousand, mille; (in dates) mil.

three, trois

time, temps, *m.*; (o'clock) heure, *f.*; what—is it? quelle heure

est-il? to have a good—, s'amuser

tired, fatigué

to, à, de; —the, au, à la, à l', aux

today, aujourd'hui

together, ensemble

tomorrow, demain

tongue, langue, *f.*

tonight, cette nuit, *f.*; ce soir, *m.*

too, trop; (also) aussi

tooth, dent, *f.*

town, ville, *f.*; in—, en ville

toy, joujou, *m.*

tragedy, tragédie, *f.*

travel, voyager

tree, arbre, *m.*

trip, voyage, *m.*

try, essayer de (*infin.*)

tulip, tulipe, *f.*

twelve, douze

twenty, vingt

two, deux

U

umbrella, parapluie, *m.*

uncle, oncle, *m.*

university, université, *f.*

unless, à moins que (with *subj.*)

until, *prép.*, jusque, jusqu'à

until, *conj.*, jusqu'à ce que (with *subj.*)

us, nous

use, employer; to make—of, se servir de

the United States, les États-Unis, *m. pl.*

V

vegetable, légume, *m.*

very, très, bien

village, village, *m.*

violet, violette, *f.*

visit, *n.*, visite, *f.*

visit, *v. a.*, visiter

voice, voix, *f.*

W

wait, attendre; **—for,** attendre
walk, promenade, *f.*; **to go out for a—,** faire une promenade
walk, marcher, se promener
want, avoir besoin de; (to wish for) désirer, vouloir
waste, perdre
watch, montre, *f.*
water, eau, *f.*
way, chemin, *m.*; **on the—,** en route; **in this** (or **that**)**—** de cette manière
we, nous
week, semaine, *f.*
well, bien; **to be—,** se porter bien
what, *inter. adj.,* quel; **—time is it?** Quelle heure est-il?
what, *inter. pron.,* qu'est-ce qui? qu'est-ce que? que? quoi? lequel? laquelle? etc.
what, *relat. pron.,* ce qui, ce que
whatever, *pron.,* quelque—que
whatever, *adj.,* quelconque; **any reason—,** une raison quelconque
when, quand, lorsque
where, où
which, *inter. adj.,* quel
which, *inter. pron.,* lequel? laquelle? etc.; **of —?** duquel? etc.; dont
which, *relat. pron.,* qui, que, lequel, laquelle, etc.; **of—,** duquel, etc.
while, en (*part. prés.*)
white, blanc
who, qui, qui est-ce qui?
whoever, quiconque

whole, tout; **the—house,** toute la maison
whom, *inter. pron.,* qui? qui est-ce que?
whom, *relat. pron.,* que
whose, de qui, duquel, dont; **— picture is this?** à qui est ce tableau?
why, pourquoi?
wide, large
wife, femme, épouse, *f.*
window, fenêtre, *f.*; (church) vitrail, *m.*
wine, vin, *m.*
winter, hiver, *m.*; **in—,** en hiver
wish, désirer, vouloir
with, avec
without, sans
woman, femme, *f.*
word, mot, *m.*
work, *n.,* travail, *m.*
work, travailler; **to—hard,** travailler dur
worth, to be—, valoir; **to be— the trouble,** valoir la peine
wreath, guirlande; couronne, *f.*
write, écrire

Y

year, année, *f.*; an, *m.*
yellow, jaune
yes, oui; (after neg. question) si
yesterday, hier
yet, encore
you, tu, toi, te, vous
young, jeune; **—lady,** demoiselle, *f.*
your, ton, ta, tes; votre, vos
yours, le tien, la tienne, les tiens, les tiennes, etc.
yourselves, vous, vous-mêmes

Vocabulaire

Français-Anglais

m. = masculin; f. = féminin; pl. = pluriel

A

à, at, to, in
abat-jour, m., lamp shade
abattu, downcast
abord (d'), first, at first
aboutir (à), to end in
abri, m., shelter
absolument, absolutely
absoudre, to absolve
abstenir (s'), to abstain
accompagner, to accompany
accomplir, to accomplish
accord, m., agreement
accorder (s'), to agree
accorder, to grant
accourir, to run, to hasten
accoutumer, to accustom
acheminer (s'), to proceed towards
acheter, to buy
achever, to finish
acquérir, to acquire, gain, get
acteur, m., actor
admettre, to admit
admirateur, m., admirer
admirer, to admire
adonner (s'), to devote, to addict oneself
affaires, f., pl., belongings
affecter, to pretend
affermir, to strengthen
afficher, to post
afin de, in order to
afin que, in order that
affirmatif, affirmative
affirmer, to assert

agacer, to irritate
âgé, old
âge, m., age
agité, excited
aider, to help
aieul, m., ancestor, grandparent
aigu, sharp
ailleurs, elsewhere
aimer, to like, to love
ainsi, thus, so
ajouter, to add
aller (s'en), to go away
aller, to go
alors, then
amasser, to collect
amateur, m., amateur, lover
âme, f., soul
améliorer, to improve
amende, f., fine
amener, to bring
ami, m., friend
amuser (s'), to have a good time
an, m., year
ancien, ancient
ange, m., angel
anglais, English
animal, m., animal
animé, animate
année, f., year
août, m., August
apercevoir, to notice
appeler, to call
appliquer, to apply
apporter, to bring
apposition, apposition
appréhender, to fear

apprendre, to learn
apprêter (s'), to make ready
approcher (s'), to come near
appuyer, to lean
après, after
après-midi, afternoon
arc-en-ciel, rainbow
ardemment, ardently
argent, *m.*, money, silver
armée, *f.*, army
arrêter, to stop
arrivée, *f.*, arrival
arriver, to arrive, to happen
assaut, *m.*, assault
assez, enough
attacher (s'), to become attached
atteindre, to reach
attendre, to wait
attirer, to attract
attribuer, to attribute
auberge, *f.*, inn
aucun, no one, no, not any
aujourd'hui, today
auparavant, before
aussi, also, as, therefore
aussitôt, immediately
aussitôt que, as soon as
autant, as much, as many
auteur, *m.*, author
automne, *m.*, *f.*, autumn
autour, around
autre, other
autrefois, formerly
autrement, otherwise
auxiliaire, *m.*, auxiliary (verb)
avant, before
avec, with
avertir, to warn
aveugle, blind
avilir (s'), to debase oneself
avis, *m.*, opinion, mind
aviser (s'), to conceive the idea
avouer, to confess
avril, *m.*, April

B

bague, *f.*, ring
bal, *m.*, ball
balancer, to hesitate
balayer, to sweep
balle, *f.*, ball
ballon, *m.*, balloon, football
banane, *f.*, banana
barbe, *f.*, beard
baron, *m.*, baron
baronne, *f.*, baroness
bas (en), downstairs
bas, low
basse-cour, *f.*, barnyard
bateau, *m.*, boat
battre, to beat
beau, belle, beautiful
beaucoup, much, many
beauté, *f.*, beauty
becquée, *f.*, a bill full (of food)
Belgique, *f.*, Belgium
bénin, kind
besoin, *m.*, need
bétail, *m.*, cattle
bicyclette, *f.*, bicycle
bien, well, very
bien (des), many
bienfaiteur, m., benefactor
bien que, although
bientôt, soon
bijou, *m.*, jewel
bille, *f.*, marble
billet, *m.*, ticket
blamer, to blame
blanc, white
bleu, blue
bœuf, *m.*, ox
boire, to drink
bois, *m.*, wood
boîte, *f.*, box
bon, bonne, good
bonbon, *m.*, candy
bonjour, *m.*, good day
bonté, *f.*, kindness
borner (se), to limit oneself
boue, *f.*, mud

bouillir, to boil
bout, *m.*, end
bouteille, *f.*, bottle
bras, *m.*, arm
bravoure, *f.*, bravery
brebis, *f.*, ewe, sheep
briller, to shine
brosser, to brush
bruit, *m.*, noise
brûler, to burn
buisson, *m.*, bush
bureau, *m.*, desk, office
but, *m.*, aim
buvard, *m.*, blotter

C

ça, that
cacher, to hide
cadeau, *m.*, present
café, *m.*, coffee
cahier, *m.*, exercise book
caillou, *m.*, pebble
camarade, *m.*, comrade
campagne, *f.*, country
car, for, because
caractéristique, characteristic
carnaval, *m.*, carnival
cas, *m.*, case
casquette, *f.*, cap
casser, to break
cause (à . . . de), on account of
causer, to talk
ceci, this
céder, to yield
cédille, *f.*, cedilla
ceinture, *f.*, belt
cela, that
cependant, however
cercle, *m.*, club
certain, certain
certainement, certainly
certitude, *f.*, certainty
c'est-à-dire, that is to say
chacun, each one
chaise, *f.*, chair
chambre, *f.*, room

champ, *m.*, field
changement, *m.*, change
changer, to change
chanson, *f.*, song
chanter, to sing
chanteur, *m.*, singer
chapeau, *m.*, hat
chapitre, *m.*, chapter
chaque, each
charger (se), to take charge
chasser, to hunt
chasseur, *m.*, hunter
chat, *m.*, cat
château, *m.*, castle
chaud, warm
chef, *m.*, chief
chef-d'œuvre, *m.*, masterpiece
chemin, *m.*, road
cher, dear
chercher, to seek, to look for
cheval, *m.*, horse
cheveu, *m.*, hair
chez, at, to, with
chien, *m.*, dog
choisir, to choose
chose, *f.*, thing
ciel, *m.*, sky
cigale, *f.*, cicada, grasshopper
ci-inclus, enclosed
ci-joint, herewith
cinq, five
circuler, to circulate
clair, clear, light
clairement, clearly
cœur, *m.*, heart
colère, *f.*, anger
colline, *f.*, hill
combien, how much, how many
combinaison, *f.*, combination
commandement, *m.*, command, order
commander, to command
comme, as, how
commencement, *m.*, beginning
commencer, to begin
comment, how

commettre, to commit
commission, *f.*, errand
commode, comfortable, easy
commun, common
compagnie, *f.*, company
compagnon, *m.*, companion
complaire (se), to enjoy
complet, *m.*, suit
compléter, to complete
composé, compound
comprendre, to understand
compris (y), including
compter, to count, to expect
comte, *m.*, count
comtesse, *f.*, countess
concernant, concerning
concevoir, to conceive
concourir, to contribute, to concur
conduire, to lead, to drive
confondre, to confuse
congé, *m.*, holiday
conjoint, conjunctive
conjurer, to implore
connaissance, *f.*, acquaintance, knowledge
connaître, to know
conseil, *m.*, advice
conseiller, to advise
consentement, *m.*, consent
consentir, to consent
conséquent (par), consequently
conserver, to preserve
consister, to consist
onsoler, to console
onsonne, *f.*, consonant
construire, to construct
consumer, to consume
content, satisfied
contenter, to satisfy
continuer, to continue
contraction, *f.*, contraction
contraindre, to oblige
contraire, contrary
contraste, *m.*, contrast
contrat, *m.*, contract

contre, against
convenable, suitable
convenir, to suit, to agree
copie, *f.*, copy
copier, to copy
coq-à-l'âne, *m.*, nonsense, disconnected discourse
coq, *m.*, rooster
corps, *m.*, body
correspondre, to correspond
costume, *m.*, suit
côté, *m.*, side
côté (à . . . de), beside, near
côte à côte, side by side
coucher (se), to go to bed
couleur, *f.*, color
coup, *m.*, blow, stroke
couper, to cut
courage, *m.*, courage
couramment, fluently
courant, usual
courir, to run
couronne, *f.*, wreath
court, short
cousin, *m.*, cousin
cousine, *f.*, cousin
couteau, *m.*, knife
coûter, to cost
couturière, *f.*, dressmaker
couvert, covered
couvrir, to cover
craie, *f.*, chalk
craindre, to fear
crainte, *f.*, fear, fright
crayon, *m.*, pencil
crème, *f.*, cream
cri, *m.*, cry
crier, to cry
croire, to believe
croix, *f.*, cross
cueillir, to pick, to gather
cuire, to cook

D

dans, in, into
davantage, more

débattre (se), to struggle
décider, to decide
décourager, to discourage
dedans, inside
défendeur, *m.*, defendant
défendre, to prohibit
défense, *f.*, prohibition
défini, definition
dégoûter, to disgust
degré, *m.*, degree
déguiser, to disguise
dehors, outside
déjà, already
déjeuner, to breakfast
déjeuner, *m.*, breakfast
délaisser, to abandon
demain, tomorrow
demander, to ask
demeurer, to remain, to live
demi, half
dent, *f.*, tooth
dépêcher (se), to hurry
dépendant, dependent, subordinate
dépendre, to depend
déplacement, *m.*, change of place
déplacer (se), to change one's residence, to travel
depuis, since
déranger, to disturb
dérivé, *m.*, derivative
dériver, to derive
dernier, last
derrière, behind
dès que, as soon as
descendre, to come down, to bring down
désespérer (se), to be in despair
désigner, to indicate
désir, *m.*, desire
désirer, to desire
désolé, grieved, sad
dessous, under
dessus, above
détail, *m.*, detail

déterminatif, determinative, which determines
déterminé, determinate
deux, two
devant (aller au . . . .), to go to meet
devant, before, in front of
devenir, to become
devoir, must, to owe
devoir, *m.*, duty, home-work
dévot, pious
diable, *m.*, devil
dieu, *m.*, God
difficile, difficult
digne, worthy
dimanche, *m.*, Sunday
diminuer, to diminish
dîner, *m.,* dinner
dîner, to dine
dire, to say
discours, *m.*, discourse, speech
discuter, to discuss
disjoint, disjunctive
dissuader, to advise not to
distribuer, to distribute
divertir, to amuse
diviser, to divide
docteur, *m.*, doctor
doigt, *m.*, finger
domestique, *m.*, *f.*, servant
dommage, *m.*, pity, damage
donc, then
donner, to give
donneur, *m.*, giver
dormir, to sleep
doubler, to double
doute, *m.,* doubt
douter, to doubt
doux, sweet
douzaine, *f.*, dozen
droit, right
droit, *m.*, law, right
dû (*p. p.*, de **devoir**), owed, been, obliged
durant, during

durée, *f.*, duration
dynastie, *f.*, dynasty

E

eau, *f.*, water
éclairer, to light
éclos, hatched
école, *f.*, school
écorner, to break the corner, to take a sample
écouter, to listen
écrire, to write
écrivain, *m.*, writer
édifice, *m.*, building
égayer (s'), to become merry
église, *f.*, church
élève, *m.*, *f.*, pupil
embellir, to improve, to beautify
embrasser, to embrace, to kiss
emmener, to take away
emparer (s'), to take possession
empêcher, to prevent
empereur, *m.*, emperor
emploi, *m.*, use
employer, to use
emporter, to carry away
emprunter, to borrow
en, in
encore, yet, still, again, besides
encre, *f.*, ink
encrier, *m.*, inkstand
endormir (s'), to go to sleep
endroit, *m.*, place
énergie, *f.*, force, emphasis
enfant, *m.*, *f.*, child
enfer, *m.*, hell
enfermer, to lock up
enlever, to carry off, to lift up
ennemi, *m.*, enemy
enorgueillir (s'), to be proud of
enseigner, to teach
ensuite, afterwards
entendre, to hear
enthousiaste, enthusiastic
entier, entire
entourer, to surround

entre, between
entrée, *f.*, entrance
entreprendre, to undertake
entrer, to enter
envers, towards
envie, *f.*, desire
environ, about
envoyer, to send
épais, thick
épeler, to spell
épouse, *f.*, wife
épouser, to marry
époux, *m.*, husband
équipe, *f.*, squad, team
équivaloir, to be equivalent
équivaut (from équivaloir), is equivalent
escalier, *m.*, stairs
espérer, to hope
espoir, *m.*, hope
esprit, *m.*, wit
essayer, to try
est, is
estimé, esteemed
état, *m.*, state
États-Unis, *m.*, United States
été, *m.*, summer
étonnement, *m.*, astonishment
étonner, to astonish
étranger, strange, foreign, foreigner
être, *m.*, being
étudier, to study
évader (s'), to escape
éveiller, to awaken
éviter, to avoid
examen, *m.*, examination
excepté, except
excuser, to excuse
executer, to carry out
exercer, to fill
exhorter, to encourage
exiger, to exact, to require
exigu, slight
exprès, purposely
exprimer, to express

F

fâché, sorry, cross
facile, easy
faciliter, to facilitate
facteur, *m.,* postman, porter
facultatif, optional
faillir, to fail, to come near to
faim, *f.,* hunger
faire, to do
fait, *m.,* fact
fait (tout . . .), ready made
familier, familiar
famille, *f.,* family
farine, *f.,* flour
fatigué, tired
fatiguer, to tire
faut (falloir), it is necessary, one must
faute, *f.,* mistake
favori, favorite
feindre, to sham, to feign
féliciter, to congratulate
femelle, *f.,* female
féminin, feminine
femme, *f.,* woman, wife
fenêtre, *f.,* window
ferme, *f.,* farm; *adv.,* hard
fermer, to close
feu, *m.,* fire
février, *m.,* February
fidèle, faithful
fier, proud
figure, *f.,* face
fille, *f.,* girl, daughter
fils, *m.,* son
finir, to finish
flatter, to flatter
fleur, *f.,* flower
fleuve, *m.,* river
foi, *f.,* faith
folle (féminin de **fou**), insane
foncé, dark
fondateur, *m.,* founder
force, *f.,* strength
force (à . . . de), by dint of

forcer, to oblige
forêt, *f.,* forest
forme, *f.,* form
former, to form
fort, strong, very
fossé, *m.,* moat
fou, *m.,* fool, madman
four, *m.,* oven
frais, fresh
fraise, *f.,* strawberry
framboise, *f.,* raspberry
franc, frank
français, French
France, *f.,* France
frapper, to knock
frère, *m.,* brother
froid, cold
fruit, *m.,* fruit
fumer, to smoke

G

gagner, to gain, to earn
garçon, *m.,* boy
garde-malade, *m., f.,* nurse
garde (prendre garde), care, to take care
garder, to keep
garder (se), to be careful not to
gâteau, *m.,* cake
gauche, left
geler, to freeze
général, *m.,* general
généralement, generally
généreux, generous
génie, *m.,* genius
genou, *m.,* knee
genre, *m.,* gender
glace, *f.,* ice
glacial, icy
gomme, *f.,* eraser
goût, *m.,* taste
goûter, to taste
gouvernante, *f.,* governess
gouvernement, *m.,* government
gouverner, to govern
gouverneur, *m.,* governor

grammaire, *f.*, grammar
grand, tall, great
grand'mère, *f.*, grandmother
grand-père, *m.*, grandfather
grec, Greek
grimper, to climb
gris, gray
gronder, to scold
gros, large
guère, hardly
guérir, to cure
guerre, *f.*, war
guichet, *m.*, ticket window

H

habile, clever
habileté, *f.*, ability
habiller, to dress
habitude, *f.*, habit
habituer, to accustom
*haine, *f.*, hate
*hangar, *m.*, shed
*harpe, *f.*, harp
*hâte, *f.*, haste
*hâter, to hasten
*haut, high
*hauteur, *f.*, height
*Haye (La), *f.*, Hague
heure, *f.*, hour
heureux, happy
*hibou, *m.*, owl
hier, yesterday
histoire, *f.*, story, history
hiver, *m.*, winter
homme, *m.*, man
*honte, *f.*, shame
hôpital, *m.*, hospital
hors, out
hôtel-dieu, *m.*, general hospital
huit, eight
humeur, temper, disposition

I

ici, here
idée, *f.*, idea
* Signifie h aspirée

il y a, there is, are
immédiatement, immediately
imparfait, imperfect
impératif, *m.*, imperative
impératrice, *f.*, empress
importe (il . . .), it matters
indéfini, indefinite
indigner (s'), to become indignant
indiquer, to indicate
indistinctement, without distinction
individu, individual
inquiet, anxious
inquiéter (s'), to worry
inquiétude, *f.*, anxiety
instant, *m.*, moment
instruire, to instruct
insulter, to insult
intentionellement, intentionally
interdire, to forbid
intéressant, interesting
intéresser, to interest
intérieurement, inwardly, within himself
interroger, to question
interrompre, to interrupt
introduire, to introduce
inutile, useless
invariable, unchangeable
inventer, to invent
irrégulièrement, irregularly
Italie, *f.*, Italy

J

jamais, ever
jamais (ne . . . jamais), never
jambe, *f.*, leg
janvier, *m.*, January
jardin, *m.*, garden
jaune, yellow
jeter, to throw, to utter
jeudi, *m.*, Thursday
jeune, young
joie, *f.*, joy
joindre, to join
joli, pretty

jouir, to enjoy
joujou, *m.*, plaything
jour, *m.*, day
journée, *f.*, day
joyeux, joyful
juger, to judge
juillet, *m.*, July
juin, *m.*, June
jurer, to swear
jusqu'à, up to, as far as, until
jusqu'à ce que, until

L

là, there
là-bas, yonder, down there
lac, *m.*, lake
lâcheté, *f.*, cowardice
laid, ugly
laisser, to leave
lait, *m.*, milk
lancer, to throw
langage, *m.*, language
langue, *f.*, language, tongue
laver, to wash
léger, slight, light
légume, *m.*, vegetable
lendemain, *m.*, next day
lent, slow
lettre, *f.*, letter
lever, to lift, to raise
lever (se), to rise, to get up
liaison, *f.*, carrying over (in pronunciation)
lier, to bind, to tie
lieu, *m.*, place
lieu (au . . . de), instead of
lièvre, *m.*, hare
limité, limited
lire, to read
lit, *m.*, bed
livre, *m.*, book
livre, *f.*, pound
locution, *f.*, term, expression
loi, *f.*, law
loin, far
Londres, London

longtemps, long time
longueur, *f.*, length
lorsque, when
louer, to praise, to hire, to rent
loup, *m.*, wolf
louve, *f.*, she-wolf
lu (*p. p.* de lire), read
lundi, *m.*, Monday

M

madame, *f.*, Mrs., Madam
magasin, *m.*, shop, store
mai, *m.*, May
main, *f.*, hand
maint, many a
maison, *f.*, house
maître, *m.*, master, teacher
maîtresse, *f.*, mistress, teacher
mal, badly
mal, *m.*, ache, evil
malade, sick
malgré, in spite of
malheur, *m.*, misfortune
malheureux, unhappy
malle, *f.*, trunk
mander, to inform
manger, to eat
manière, *f.*, manner
manque, *m.*, lack
manquer, to fail, to miss
marché, *m.*, market
marcher, to walk
mardi, *m.*, Tuesday
mari, *m.*, husband
marier, (se), to marry
marque, *f.*, mark, sign
mars, *m.*, March
matin, *m.*, morning
mauvais, bad
méchant, wicked
médecin, *m.*, physician
médicament, *m.*, medicine
meilleur, better
mêler (se), to interfere
même, same, even
menacer, to threaten

mener, to lead, to take
menteur, *m.*, liar
mentionner, to mention
mépriser, to scorn
mercredi, *m.*, Wednesday
mère, *f.*, mother
merveilleux, marvelous
mesure, *f.*, measure
mètre, *m.*, yard
mettre (se), to begin
mettre, to put
miette, *f.*, crumb
mieux, better
midi, *m.*, midday, south, twelve
   o'clock A. M.
mille, thousand
milliard, *m.*, billion
minuit, *m.*, midnight, twelve
   o'clock P. M.
mis (*p. p.*, de **mettre**), put
misère, *f.*, misery
mode, *m.*, mood (of verbs)
mode, *f.*, fashion
modifier, to modify
moindre, lesser, least
moins, less
moins (à . . . que), unless
moins (au . . .), at least
mois, month
monarque, *m.*, monarch
monde, *m.*, world, people
monde (tout le), everybody
monsieur, *m.*, gentleman, man
montagne, *f.*, mountain
monter, to mount, to bring up
montre, *f.*, watch
montrer, to show
mort, *f.*, death
mort (*p. p.*, de **mourir**), dead
mortel, mortal
mot, *m.*, word
mou, soft
mourir, to die
mousse, *f.*, moss
mouton, *m.*, sheep
moyen, *m.*, means

muet, mute
mule, *f.*, she-mule
mulet, *m.*, he-mule
mur, *m.*, wall
muraille, *f.*, wall
musée, *m.*, museum

N

naître, to be born
né, born
ne . . . que, only
nécessaire, necessary
négatif, negative
négation, *f.*, negation
négliger, to neglect
neiger, to snow
nettoyer, to clean
neuf, new
neuf, nine
neveu, *m.*, nephew
nez, *m.*, nose
ni . . . ni, neither, nor
nid, *m.*, nest
nièce, *f.*, niece
noir, black
noix, *f.*, nut
nom, *m.*, name
nombre, *m.*, number
nommer, to name
nourriture, *f.*, food
nouveau, new
nouvelle, *f.*, news
nouvellement, newly
Nouvelle-Orléans, *f.*, New Or-
   leans
nu, bare
nuit, *f.*, night
nul, no one, no
nullement, by no means
numeral, numeral

O

obéir, to obey
obliger, to oblige
observer, to observe
occasion, *f.*, bargain

œil, *m.,* eye
œillet, *m.,* carnation
offrir, to offer
oiseau, *m.,* bird
omettre, to omit
on, one, people, they
oncle, *m.,* uncle
oratoire, oratorical
ordonner, to order
ordre, *m.,* order, command
oreille, *f.,* ear
organiser, to organize
orphelin, *m.,* orphan
oser, to dare
ôter, to remove
où, where
ou, or
oublier, to forget
ouï-dire, hearsay
ouïr, to hear
outre, besides
ouvert (*p. p.,* d'**ouvrir**), opened
ouvrir, to open

P

pain, *m.,* bread
palais, *m.,* palace
panier, *m.,* basket
papier, *m.,* paper
par, by
paraître, to appear
parce que, because
pardon, *m.,* pardon
pardonner, to forgive
parent, *m.,* relative, parent
paresseux, lazy
parfait, perfect
parler, to speak
parmi, among
participe, *m.,* participle
particulièrement, particularly
partie, *f.,* part
partir, to go out
partitif, *m.,* partitive
partout, everywhere
parvenir, to arrive, to reach

pas, *m.,* step
passé, *m.,* past
passe-partout, *m.,* master key
passer, to pass, to spend
passer (**se**), to happen; —**de,** to
  do without
patin, *m.,* skate
patinage, *m.,* skating
patrie, *f.,* native land
pauvre, poor
pauvreté, *f.,* poverty
payer, to pay
pays, *m.,* country
pêche, *f.,* peach
peindre, to paint
peine (à . . .), hardly
peine, *f.,* trouble, penalty
peint (*p. p.,* de **peindre**), painted
peintre, *m.,* painter
pèlerinage, *m.,* pilgrimage
pendant, during
pensée, *f.,* thought
penser, to think
perçant, piercing
perdre, to lose
père, *m.,* father
perfectionner, to perfect, to improve
périr, to perish
permettre, to permit
personne, *f.,* person
personne, (. . . **ne**) nobody
personnel, personal
persuader, to persuade
perte, *f.,* loss
peser, to weigh
petit, small, little
petit-fils, *m.,* grandson
peu, little
peu, (à . . . **près**), about
peur, *f.,* fear
peut (**pouvoir**), can, may
peut-être, perhaps
peut (**il se** . . .), it may be
philosophe, *m.,* philosopher
phrase, *f.,* sentence

physique, physical
pied, *m.*, foot
pied-à-terre, *m.*, temporary lodging
pierre, *f.*, stone
pire, *adj.*, worse
pis, *adv.*, worse
pitié, *f.*, pity
place, *f.*, square, place
placer, to place
plaindre, to pity
plaindre (se), to complain
plaire, to please
plaire (se), to delight
plaisir (faire), to please
plaisir, *m.*, pleasure
planche, *f.*, board
plancher, *m.*, floor
plate-bande, *f.*, flower bed
plein, full
pleurer, to weep
pleut (de pleuvoir), it rains
pleuvoir, to rain
plume, *f.*, pen, feather
plupart (la), *f.*, most
pluriel, *m.*, plural
plus, more
plus (ne . . . plus), no longer
plusieurs, several
plutôt, rather
poche, *f.*, pocket
poète, *m.*, poet
poids, *m.*, weight
poire, *f.*, pear
poivre, *m.*, pepper
poli, polite
poliment, politely
pomme, *f.*, apple
pont, *m.*, bridge
pont-levis, *m.*, drawbridge
portant (bien), in good health
porte-drapeau, *m.*, ensign bearer
porte-plume réservoir, *m.*, fountain pen
porter, to carry, to wear; —**(se),** to be (of health)

poser, to place, to put
poste, *f.*, postal service
poste, *m.*, post
pou, *m.*, louse
poule, *f.*, hen
pour, for, in order to
pour que, in order that
poursuivre, to pursue
pourvu que, provided
pousser, to incite, to push, to utter
pouvoir, to be able, can
précéder, to precede
précipitamment, hurriedly
précis, precise
préférer, to prefer
premier, first
prendre, to take
près, near
présent, present
presque, almost
pressé, hurried
prêt, ready
prêter, to lend
prier, to pray, to beg
prière, *f.*, prayer
principal, principal
printemps, *m.*, spring
pris (*p. p.*, de **prendre**), taken
prix, *m.*, price
prochain, next, neighboring, near
procurer (se), to secure, to get
professeur, *m.*, professor, teacher
profond, deep, dark
promenade, *f.*, walk
promettre, to promise
pronom, *m.*, pronoun
prononcer, to pronounce
propos (à . . . de), speaking of
propre, proper, own, clean
protéger, to protect
provenir, to come from
pu (*p. p.*, de **pouvoir**), been able
puis, then
puisque, since
punir, to punish
pupitre, *m.*, writing desk

Q

qualifier, to qualify
qualité, *m.*, quality
quand, when
quant à, as for
quantité, *f.*, quantity
quart, *m.*, quarter
que, that, whom, which, than
que de . . . , how many!
quel, what, which
quelquefois, sometimes
quelques, a few
quelqu'un, someone, somebody,
   pl., some
question, *f.*, question
quiconque, whoever
quinze, fifteen
quitter, to leave
quoi, what
quoi (de . . .), the means
quoique, although

R

racine, *f.*, root, stem
raconter, to relate
raison, *f.*, reason, right
raison (en . . . de), on account of
rang, *m.*, rank
rapidement, rapidly
rappeler, to recall, to remind
rappeler (se), to remember
rapport, *m.*, report, relation
rapport (par . . . à), with regard
   to
rapporter, to bring back
rapporter (se), to refer
rarement, rarely
rassasier, to satiate, to satisfy
rassembler, to gather together
recevoir, to receive
reconnaître, to recognize
reçu (*p. p.*, de recevoir), received
recueillir, to gather
réfléchi, reflexive
réfléchir, to reflect

refuser, to refuse
regarder, to look at
régime, *m.*, object
règle, *f.*, ruler, rule
règne, *m.*, reign
regretter, to regret
régulier, regular
régulièrement, regularly
rejoindre, to meet again
réjouir, to rejoice
remarier (se), to marry again
remarque, *f.*, notice
remarquer, to notice
remercier, to thank
remettre (se), to recover
remplacer, to replace
remplir, to fill
rendre, to give back, to make
renfermer, to inclose
rentrer, to return
répéter, to repeat
répondre, to answer
réponse, *f.*, answer
repos, *m.*, to rest
reposer, to rest
représenter, to represent
résoudre, to resolve
rester, to remain
résultat, *m.*, result
retour (de), back
retourner, to return
retrancher, to cut off
réunion, *f.*, meeting
réunir, to unite
réussir, to succeed
revenir, to come again
riche, rich
rien, (ne . . . rien), nothing
rire, to laugh
rivière, *f.*, river
robe, *f.*, dress
rocher, *m.*, rock
roi, *m.*, king
roman, *m.*, novel
rompre, to break
ronger, to gnaw

rose, *f.*, rose
rouler, to roll
route, *f.*, road, way
roux, reddish
ruban, *m.*, ribbon
ruisseau, *m.*, brook

S

sache (de savoir), know
saisir, to seize
sale, dirty
salle, *f.*, room
salon, *m.*, drawing-room
samedi, *m.*, Saturday
sans, without
santé, *f.*, health
satisfaire, to satisfy
sauf, *prépos.*, except
sauf, *adj.*, safe
sauveur, *m.*, saviour
savoir, to know
sec, dry
sécher, to dry
séjour, *m.*, stay
sel, *m.*, salt
selon, according
semaine, *f.*, week
sembler, to seem
sens, *m.*, meaning, sense
sentir, to feel, to smell
séparer, to separate
sept, seven
serre, *f.*, claw
serrer, to shake (hands)
servir, to serve
servir (se), to make use
service, *m.*, service, duty
seul, *m.*, alone
si, if, so, whether
signe, *m.*, sign
signification, *f.*, meaning
singulier, singular
société, *f.*, society
sœur, *f.*, sister
soie, *f.*, silk

soif, *f.*, thirst
soi-même, oneself
soin, *m.*, care
soir, *m.*, evening
soit (*subj.*, d'être), be, is
soit que, either because
soleil, *m.*, sun
sombre, melancholy
son, *m.*, sound
songe, *m.*, dream
songer, to think, to dream
sonnette, *f.*, bell
sont, are
sort, *m.*, fate
sorte, *f.*, kind
sorte (de . . . que), so that
sortir, to go out
sot, silly
sou, *m.*, cent
souci, *m.*, care
souffrir, to suffer
souhait, *m.*, wish
souhaiter, to wish, to express a
wish
soulier, *m.*, shoe
souligner, to underscore
soumettre, to subject
soumis (*p. p.*, de soumettre),
subjected
soupçonner, to suspect
sourire, to smile
sous, under
sous-entendu, understood
soutenir, to maintain, to support
souvenir, *m.*, remembrance
souvent, often
souverain, *m.*, sovereign
spécifier, to specify
stylo, *m.*, fountain pen
subordonné, subordinate, dependent
substantif, *m.*, noun
substance, *f.*, material
successeur, *f.*, successor
sucre, *m.*, sugar
suffire, to suffice

suit (*pres. ind.*, **suivre**), follows
suite, *f.*, continuation
suite (à la . . . de), after, with
Suisse, *f.*, Switzerland
suivant, following, according
suivre, to follow
sujet, *m.*, subject
supplier, to beg
supposer, to suppose
supprimer, to suppress
sûr, sure
sur, upon, on
surprise, *f.*, surprise

T

table, *f.*, table
tableau, *m.*, picture, blackboard
tâcher, to try, to strive
tant, so much, so many
tant que, as long as
tante, *f.*, aunt
tantôt, presently, now
tard, late
tarder (a'), to be long in
tasse, *f.*, cup
tel, such
témoin, *m.*, witness
témoigner, to testify
temps, *m.*, time, weather, tense
tendance, *f.*, tendency
tenir, to hold
tenter, to attempt
terminaison, *f.*, ending
terminer, to end
terrain, *m.*, plot of ground
terre, *f.*, earth
tête, *f.*, head
tête-à-tête, *m.*, private conversation
thé, *m.*, tea
tiers, *m.*, third
tigre, *m.*, tiger
timbre-poste, *m.*, postage stamp
tire-bouchon, *m.*, corkscrew
tirer, to pull, to shoot

tiret, *m.*, dash
tiroir, *m.*, drawer
titre, *m.*, title
tomber, to fall
tôt, soon
toucher, to touch
toujours, always
tour, *m.*, trick, turn
tour, *f.*, tower
tous les deux, both
tout, all, whole, any
toutefois, however
traduire, to translate
trahir, to betray
train (être en . . . de), to be in the act of
traîner, to drag
trait, *m.*, feature
trait d'union, hyphen
tranchée, *f.*, trench
tranquille, quiet
traquer, to hunt out
travail, *m.*, work
travailler, to work
travers (à), through, across
tréma, *m.*, diæresis
trembler, to shiver
très, very
trésor, *m.*, treasure
triste, sad
tromper, to deceive
tromper (se), to be mistaken
trop, too much, too many
trou, *m.*, hole
troubler, to disturb
trouver, to find
tuer, to kill
tulipe, *f.*, tulip
tyran, *m.*, tyrant

U

unir, to unite
unité, *f.*, unit
usage, *m.*, use
utile, useful

V

vache, *f.*, cow
vainement, vainly
valoir, to be worth
varier, to vary
vaut (de **valoir**), is worth
vautour, *m.*, vulture
veiller, to watch
vendre, to sell
vendredi, *m.*, Friday
venir, to come
vent, *m.*, wind
venu (*p. p.*, de **venir**), come
ver, *m.*, worm
vérifier, to verify
verre, *m.*, glass
vers, towards, about
verser, to pour
veuillez (*impér.*, de **vouloir**), be
  kind enough to
vexation, *f.*, annoyance
viande, *f.*, meat
vice, *m.*, vice
victoire, *f.*, victory
vide, empty
vieillard, *m.*, old man
vieille, *f.*, (*f.*, de **vieux**), old
vieux, old
vilain, ugly
ville, *f.*, city, town

vingt, twenty
violette, *f.*, violet
violon, *m.*, violin
viser, to aim
visiter, to visit
vite, quickly
vitrail, *m.*, stained-glass window
vivre, to live
vœu, *m.*, wish
voici, here is, are
voilà, there is, are
voir, to see
voisin, *m.*, neighbor
voiture, *f.*, carriage
voix, *f.*, voice
voler, to fly, to steal
volontairement, voluntarily
volonté, *f.*, will
vouloir, to wish
voyage, *m.*, travel, trip
voyager, to travel
voyelle, *f.*, vowel
vrai, true
vraisemblable, likely
vu, considering, whereas
vu, (*p. p.*, de **voir**), seen
vue, *f.*, sight

Y

yeux, *m.*, (*pl.*, **d'œil**), eyes

Index

à, contraction avec l'article défini 7
    avec l'infinitif après certains verbes............ 152
    l'emploi de la préposition à. 193
accord de l'adjectif............ 30
    du pronom.............. 55
    du verbe................ 91
    du participe passé conjugué avec avoir.............. 163
    du participe passé conjugué avec être................ 162
    du participe passé des verbes réfléchis.............. 142
acquérir...................224, 235
adjectif, accord............... 30
    formation du pluriel....... 25
    du féminin............... 27
    comparaison des adjectifs.. 31
    position de l'adjectif....... 34
    l'adjectif démonstratif..... 37
    l'adjectif possessif........ 40
    l'adjectif interrogatif...... 44
    les adjectifs numéraux cardinaux.............. 46
    ordinaux............... 51
    les adjectifs indéfinis...... 53
adverbes, formation........... 180
    comparaison.............. 182
    position.................. 184
    adverbes de négation...... 179
    de quantité.............. 11
aller....................224, 233
améliorer.................... 219
apprendre................... 222
article défini................. 1
    emploi.................. 2
    omission................ 3
    contraction avec à......... 7
    avec de................. 7
article indéfini............... 6
article partitif............... 9
asseoir...................227, 238
aussitôt que, avec le futur...... 190
autre et encore.............. 86
auxiliaires secondaires, aller, devoir, faire, pouvoir, et savoir. 114
avant et devant.............. 194
avoir, conjugaison............. 109
battre...................... 229
bénir....................... 224

bien, comparaison............. 183
boire.....................229, 241
bon, comparaison............. 33
ce (pronom), emploi........... 67
ce, cet, cette, ces............. 37
ceci, cela.................... 65
celui, celle, ceux, celles......... 65
-cer, verbes terminés par....... 122
chez......................... 195
comparaison, des adjectifs...... 31
    des adverbes............. 182
conclure..................... 229
conditionnel, formation........ 98
    emploi.................. 137
conditionnel antérieur......... 138
conduire.................229, 241
confire...................... 230
conjonctions de coördination... 188
    de subordination.......... 189
conjugaisons, première........ 119
    deuxième............... 125
    troisième............... 127
    quatrième............... 129
connaître.................230, 241
    connaître-savoir.......... 221
convenir..................... 220
coudre...................230, 242
courir....................225, 235
couvrir...................225, 235
craindre..................230, 242
croire....................230, 242
croître...................... 231
cueillir...................225, 236
de, répétition................ 9
    contraction avec l'article défini................ 7
    après un adverbe de quantité.................. 11
    après un nom de quantité.. 12
    après un adverbe de négation.................. 200
    dans la comparaison....... 32
    après certains verbes...... 194
déchoir..................... 227
depuis...................... 190
devant et avant.............. 194
dire.....................231, 242
divorcer.................... 215
donner, conjugaison.......... 119
dormir...................225, 236

273

écrire....................231, 243
embellir..................... 219
employer.................... 221
en (pronom)................. 12
    employé comme un adverbe 184
en (préposition).............. 193
entendre.................... 222
envoyer..................224, 234
épeler...................... 215
être, conjugaison............. 111
faillir...................... 226
faire...................231, 243
falloir...................227, 238
féminin, des adjectifs......... 27
    des noms................ 21
finir, conjugaison............. 125
formation des temps du verbe.. 97
fréquenter.................. 220
fuir.....................226, 236
futur, formation............. 97
    emploi.................. 136
futur antérieur.............. 137
genre...................... 21
-ger, verbes terminés par...... 122
haïr.....................226, 237
imparfait de l'indicatif, forma-
    tion..................... 99
    emploi.................. 133
imparfait du subjonctif, forma-
    tion..................... 103
    emploi.................. 176
impératif, formation.......... 102
    emploi.................. 138
indicatif.................... 132
infinitif dépendant d'un nom ou
    d'un adjectif.............. 157
    après une préposition...... 158
infinitif passé................ 159
le, la, les (voir l'article défini).. 1
le (pronom)................. 55
lequel, pronom relatif......... 73
    pronom interrogatif....... 78
leur, adjectif................ 40
    pronom................. 69
lire.....................232, 243
lorsque, avec le futur......... 190
luire...................... 230
manquer.................... 215
marcher, se promener......... 216
marier, se marier............. 216
maudire................... 232
mauvais, comparaison........ 33
même..................... 53
mener, porter............... 217
mettre...................232, 244
mois, noms des............. 49
monter.................... 218

moudre.................... 232
mourir..................226, 237
mouvoir.................... 227
naître..................... 232
négation.................... 199
nouveau, neuf............... 35
nuire...................... 230
offrir...................... 225
on, emploi.................. 84
ouvrir..................... 225
participe composé........... 164
participe passé, accord quand
    conjugué avec être......... 162
    avec avoir............... 163
participe présent, emploi....... 161
partir...................... 225
partitif..................... 9
passé antérieur.............. 136
passé défini................. 134
passé indéfini............... 134
passé surcomposé............ 136
perfectionner............... 219
petit, comparaison........... 33
plaindre.................205, 230
plaire...................232, 244
pleuvoir.................228, 238
pluriel, formation........15, 16, 25
plus-que-parfait de l'indicatif... 135
plus-que-parfait du subjonctif.. 176
porter..................... 217
possessif; adjectifs possessifs.... 40
    pronoms possessifs........ 69
pour...................... 205
pouvoir.................228, 239
prendre.................232, 244
prépositions, à, dans, en, de,
    par, avant, devant, chez, etc.. 192
    about, after, at, before, by,
    for, from, in, into, of, on,
    upon, out, through, to, un-
    der, with, within, without 202
présent de l'indicatif 1ère con-
    jugaison.................. 119
    2e. conjugaison........... 125
    3e. conjugaison........... 127
    4e. conjugaison........... 129
    emploi.................. 132
présent du subjonctif, formation 100
    emploi.................. 176
promener (se)............... 216
pronoms composés........... 63
pronoms démonstratifs........ 65
pronoms indéfinis............ 84
pronoms interrogatifs......... 79
pronoms personnels conjoints,
    emploi.................. 55
    position.................. 56

pronoms personnels disjoints, emploi. 62
pronoms possessifs. 69
pronoms relatifs. 73
questions, forme des. 105
recevoir, conjugaison. 127
recouvrer. 219
remettre (se). 219
résoudre. 233
rire. 223, 245
rompre, conjugaison. 129
savoir. 221, 228, 239
sentir. 220
se sentir. 220
servir (se). 221
soigner. 220
sortir. 221
subjonctif, emploi dans les propositions subordonnées. 167
après les locutions conjonctives. 172
dans les phrases optatives. . 174
dans les phrases relatives. . 171
emploi des temps. 176
substantif ou nom, emploi. 15
formation du pluriel. 15
du féminin. 21
suivre. 233, 245
superlatif, des adjectifs. 32
des adverbes. 182
temps composés, formation. 95
emploi. 134
tenir. 226, 237
tout. 87
traire. 233

vaincre. 233, 245
valoir. 228, 239
venir. 226, 237
verbe, accord. 91
mode. 92
nombre. 92
personne. 92
temps. 94
verbes, conjugaison. 119
verbes, auxiliaires. 109
verbes, auxiliaires secondaires. . 114
verbes avec e ou é à la racine. . . 122
verbes en -cer. 122
verbes en -eler et -eter. 122
verbes en -ger. 122
verbes en -yer. 123
verbes gouvernant l'infinitif sans préposition. 150
verbes gouvernant l'infinitif avec à. 152
verbes gouvernant l'infinitif avec de. 155
verbes actifs ou transitifs. 139
verbes impersonnels. 146
emploi. 146
verbes intransitifs. 144
verbes irréguliers. 224
verbes passifs. 140
verbes réfléchis. 142
emploi. 143
vêtir. 227
vivre. 233, 245
voir. .228, 240
vouloir. 229, 240